大学教員
採用・人事の
カラクリ

櫻田大造
関西学院大学教授

401
中公新書ラクレ

目次

第3章　大学教員の人材マーケットを分析する

現在の大学教員市場から将来を予測せよ／増えている純粋公募による採用／過去3年の公募情報データを読む／これから追い風も吹く？／ロースクール・バブルの時代？／国内法を教えるという特色／団塊世代の大量退職の実例／全体的にとらえた大学学閥の先行研究／大学院別輩出率

第4章　予備知識としての大学業界ウラ事情　177

第5章 失敗ケースにも学ぶ就活術

α《アルファ》レベル大学：旧帝大（かつて旧帝国大学だった北海道、東北、東京、名古屋、京都、大阪、九州の7大学）、東京工業、東京外国語、旧・大阪外国語、一橋、筑波、神戸、広島、岡山、お茶の水女子、奈良女子、首都大学東京（旧・東京都立）、大阪市立、早稲田、慶應、上智、ＩＣＵ（国際基督教大）レベル

β《ベータ》レベル大学：千葉、埼玉、横浜国立、金沢、新潟、静岡、信州、熊本、大阪府立、兵庫県立、横浜市立、愛知県立、名古屋市立、広島市立、北九州市立、津田塾、東京女子、日本女子、東京理科、学習院、明治学院、成蹊、成城、ＭＡＲＣＨ（明治、青山学院、立教、中央、法政）、南山と関関同立（関西、関西学院、同志社、立命館）レベル

θ《シータ》レベル大学：その他の地方国公立大学

Z《ゼット》レベル大学：その他の私立大学・短大

※本書では、実例を多数紹介している。その際、勤務先の大学などが特定されることを避けるために、文系分野での大学入試偏差値や著名度などを考慮して、あくまでも筆者の独断で便宜的に区分した。むろん、分野によってα～Zレベルの大学が入れ替わる。

大学教員　採用・人事のカラクリ

本文DTP・図表作成／今井明子

まえがき――優雅なA教授と悲惨なB教授

A教授の優雅な1日

朝10：00に研究室に到着。都心のマンションからの通勤時間はジャスト40分。隣室に控える秘書が、すぐにエスプレッソを持ってきてくれる。淹《い》れ立てのコーヒーの香りに包まれながら、彼女からスケジュールのブリーフィングを受けて、私の1日は始まる。

秘書は私より1時間早く出勤。彼女は、私宛ての電子メールで型どおりの返答が必要なものはすべて処理してくれる。ご高著をご恵存いただいた仲間や知己へのお礼状も発送してくれた。あさって出発予定の、シカゴでの学会発表は、航空チケット、宿泊予約の手配からプレゼンのためのパワポ作成まで秘書がやってくれて、準備万端だ。

これも勤務校からの年収1350万円に加えて、ある財団から500万円の研究資金を得ているおかげだ。定期的な雑収入も300万円を超えるので、パートタイマー（平日平均7

時間勤務）の秘書を雇ったほうが、雑務処理面では便利だし、効率よく仕事がはかどる。研究と教育にのみ集中できるからだ。彼女は、英仏日と3ヵ国語を話す英語ネイティブ・スピーカーで、アメリカの大学でマスター（修士号）を取っている。

今日は、授業と会議がある。授業のノルマは週3コマだ。さて、教室に行くとするか。

200人の大講義とはいえ、優秀な学生が熱心に聞いている。とくに一番前の席でノートを取っている学生。いつも授業の終わりに質問に来る。今日もマジメに聞いているようだ。思わず、板書にも力が入る。私語ひとつない教室で、自分の声が響き渡り、時々トークに頷《うなず》く学生の姿が見える。大講義を終えると、待ってましたとばかりに受講生の何人かが質問をしてくる。そうか、ここまでは理解してもらえたが、あの点が説明不足だったんだな。「教えることは学ぶこと」。授業をするたびに、この格言をしみじみと思い起こす。

アメリカから本学に来ている客員教授とランチョンのアポイントメントがある。学内のこじゃれたレストランで、最近の研究動向を含めた話を英語でかわしつつ、1時間過ごす。2100円のイタリアン。このような仕事の打ち合わせを兼ねた食事の費用は大学予算から出るので、年に6回くらい、海外からの研究者が来た時に利用することにしている。情報収集や打ち合わせも大事な職務だからだ。彼が編集する英文論文集への寄稿を依頼されて快諾した。これでまた業績が増える。ニヤリ。

次は学部ゼミだ。7人という少人数ではあるものの、油断はできない。指定した文献はすべて読み、活発に議論をしかけてくるからだ。4年生は、就活も順調に進んでいるようで、大手企業への内定報告も受けることができた。

1日に授業ノルマをすべて集中させているので、残るは、3人の院生ゼミだけ。すでに私の指導の下で博士課程を修了した3人中2人が大学専任教員職（アカデミック・ポスト）を得て、新進気鋭の学者（准教授）として、学会でも注目されている。あと1人のドクター院生も、現在、博士論文を鋭意執筆中。このままいけば、ドクターを取ってから、海外の大学で、しばらくポストドクトラル・フェロー（ポスドク＝任期付き研究者）という形で武者修行をすれば、すんなりと大学のポスト（助教以上）の職が見つかるだろう。

今日も、マスターの院生が思いもかけない質問を投げかけてきた。院生は、私がチェックしていなかった紀要《きよう》論文を読んでいた。彼らから時々、知らなかったことを教えられ、今後の研究のヒントも得ることができる。

これは今後の論文に使えるぞ。

思わずニヤリとしてしまう。院生の卓越さにはうれしくなるばかりだ。優秀な院生の存在は、自分の研究にとっても助けになる。

秘書が17：00に帰ったあと、執筆中の論文に関係する文献を読み始める。短時間だったが、40ページの英文論文をすべて読み終え、要点をまとめることができた。これで、明日からの研究作業がはかどるだろう。

19：30過ぎに帰宅。ドアを開けた途端、妻が迎えてくれる。結婚20年たったが、相変わらずの美貌だ。50歳近くになった私のことを考えて、メタボ対策をしつつ、満腹感のある工夫した夕食をいつも用意してくれる。

高3の長男の部屋をのぞいたら、さすがに、来年受験だということを意識して、いつものように、一心不乱に机に向かっている。今朝の新聞に載っていた時事問題を質問してきたので、丁寧に答えたところ、のみ込みが良い。この様子だと、第1志望の国立大学には余裕で合格するだろう。

平凡ながら充実した1日を終えて、満足感とともに眠りにつく。明日からは基本的に研究三昧《ざんまい》のスケジュールだ。教授会があるものの、良き同僚に恵まれてうれしい。論理的に冷静に議論する慣習もあるし、みな、学界を代表する知性の持ち主だ。教授会もいつもどおり、1時間以内で終わるだろう。

そろそろ来年度からの在外研究（サバティカル・リーブ）先を考えないといけない。7年に1度回ってくるとはいえ、充電するには絶好の機会だし、家族連れで行くつもりだ。さて、海外のどこの大学にリサーチに行こうか。長男が大学生になる。長女は高校生だが、英語が好きなのでやはり英語圏の大学だろうな。Q大学はどうだろうか。あそこなら、フェローシップがもらえそうだし……でもアメニティ面ではR大学かな。選択肢を頭の中でめぐらせつつ、楽しんで想像していると、いつのまにか、深い眠りに落ちてしまった。

＊以上の記述はフィクションです。実在の人物・団体・事件などには、いっさい関係ありません。

B教授の悲惨な1日

朝8：40に、満員電車からはき出される形で、キャンパス近くの駅に着く。片道2時間を超える通勤はつらい。また本学にはタイムカードがあり、理事会にしっかり管理されているから、9：00に間に合うよう到着しないといけない。最後の5分はキャンパスまでの坂道をダッシュする。はあ、はあ、はあ、はあ。8：59。ぎりぎりセーフ。タイムカードをガシャンと押す。心臓のドキドキがなかなかおさまらない。50歳近くになってこの生活は、はっきり言って、しんどい。

汗もふかずに、ただちに、階段教室へと向かう。400人の受講登録者数がある大講義だが、出席している学生は半分もいない。マジメに聞いているのは、前に座っている5名くらいか。後ろにいけばいくほど、私語がうるさく、授業を聞く態勢になっていない。右奥に座っている女子学生は化粧をし始めた。左奥の男子学生は、後ろを振り向いて、雑談中。ざっと見る限りで、20名くらいの学生はケータイをピコピコやっている。メールかゲームか？おおっと、一番後ろの学生2人はテニスボールで遊び始めた。そのちょっと手前のグループはトランプに夢中。寝ている学生も10名はくだらない。ケータイの着信音が流れ、一部のグループの学生がドッと笑い出す。

「静かにしてください」「そこ、ケータイをしまってください」「授業中、化粧をしないでください」「キャッチボールはまずいよね」「トランプをやらないでください」。声をからして、注意するが、なかなかやめてくれない。ケータイの着信音を派手に鳴らした学生は、後ろのドアから、奇声を発しつつ去ってしまった。

6回注意したが、ケータイ、私語、化粧の3点セットには変化ナシ。あきらめて、前に座った5名の学生だけを見つつ、授業の説明を続ける。あと5分のところで、当局に義務づけられている、出席票代わりの用紙を配付する。これは、授業に関しての感想や疑問点を書かせるもので、「小生《しょうせい》の授業についての感想・質問」と書いておいた。ひとりひとり学生がチョコっと書いた用紙を持ってくる。「面白かった」と書いてあるのはまともなほうで、「よく眠れない」と書いているのもいる。一番前でマジメそうに聞いていた男子学生が、持ってきたぞ。どれどれ。「先生に質問があります。『小生』ってなんですか?」。

ガクン。一気に徒労感が増す。でもまだ今日は4コマも授業があり、そのあとには教授会が控えている。気を取り直して次の授業（受講生２５０名）に向かう。内容的にはケータイ・ピコピコ組が20名から10名程度に減ったのを除くと、ほぼ同じ。注意するが、効果ナシ。

お昼時間までに2コマ終えて、個人研究室に戻る。研究室は、まだ20代後半のアメリカ人英語専任教員との共用だ。ただし、彼も私と同じように、週に12コマ教えているので、忙しそうだ。うーん、あれだけ自粛してくれと言っているのに、またヘビメタ音楽をガンガン聞き出す。まあ、ＡＢＣから教えなくてはならないレベルの学生を対象にしているので、ストレスがたまるのはよーくわかる……。とはいえ、こいつがいる限り、研究室では落ち着いて論文が読めない。

昼食は、朝買っておいたコンビニおにぎり2コ。450万円ちょっとという年収からのこづかいではこれが限度だ。お茶もコーヒーもないので、水道水を飲む。おにぎりをかじりながら、パソコン（OSは旧バージョンでしばしばフリーズ）で電子メールをチェック。大学の教務委員会からは、やっかいで、なおかつ急を要する報告書作成の依頼がきている。ほかにも学会関係やらさまざまな雑務処理依頼が山積している。海外の研究者からは英語で質問が来ていて、これにもできる限り早くレスしなくてはならない。来週は大阪の学会に出張だが、まだホテルの予約も手配できていない。ああ、有能な秘書がいてくれたら、能率が上がるのに……。

午後には35名を相手にするゼミが2コマ入っている。「せんせー、テキスト忘れました」。指定したテキストを持ってこない学生も多々いる。ゼミに1時間遅れて、のそっと入ってくる男子学生も。4回続けて休んでいたので、まだ来てくれるだけマシだが。

「1時間遅刻だよ。来週からは遅れずに来てください」。思わず声をかけると、ドスのきいた声で、「寝坊したんだけど！」との返事。腰パンで、いつもラップミュージックをiPodで聞いているドレッドヘアーの学生だ。ぎろっと睨《にら》まれる。ガンとばしか？

こ、こ、こわい。暗い夜道を歩かないようにしないと。逆ギレには気をつけよう。本学と同レベルの大学で教えている友人が、キャンパスでオヤジ狩りが流行《はや》っている話をしてくれたのを思い出し、背中にイヤーな汗をかく。

ゼミでは、テキストを忘れた学生が多すぎて、発表も輪読もできず、これまでの復習をすることで辻褄《つじつま》を合わせるしかなかった。

次のゼミでは一応卒論を書かせている。ゼミ生にこれまでの卒論（らしきモノ）を返却しつつ、ひとりずつに文字どおり注意していく。脚注のまったく付いてない卒論がある。「これ、この段落はネットからそのままコピペ（コピー&ペースト）しただけだろ。このままだと、盗用になるから、自分の言葉で書き直して、脚注をちゃんと付けて出典を入れるように」と指示すると、「脚注って何ですか？」と聞いてくる。

思わずのけぞる。今まで何度も脚注の付け方と出典表記方法については指導してきたつもりなのに。ゼミでは少人数にもかかわらず、相変わらずケータイ・ピコピコ組もいる。一人の男子学生は、ケータイに電話がかかってくると、ゼミの途中で、平気で廊下に出ていき、そのままとうとう戻らなかった。

以上疲労感が増すだけの授業４コマをこなしたが、30分後には教授会だ。時間を惜しんで、昨日実施した大講義の中間テスト（３５０枚）の採点をする。誤字・脱字が多い。「首都」

を「主都」と書いたり。もっと脱力するのは、〝お願い文〟だ。
「すでに就職が決まっています。この単位が取れないと卒業できず困りますので、可でいいから単位ください。お願いします。くれない場合は先生をウラミます。ちなみにぼくは空手2段です（笑）」って、おいおい、笑いごとじゃないぞ。あれだけ、お願い文は書くな、書いても点数をあげないと言ってあるのに。こういう答案に限って、はっきり言うと、内容がないようだ。これじゃ合格点はとうていあげられないんだが。

　そういえば、教務課から依頼された前学期の成績見直し《クレーム》もあったな。あの試験は穴埋め問題だから、成績の再評価はできない類《たぐい》のモノなんだが。クレーム用紙には、返答を書いて出さねばならないので、見てみるか。えーと、やはり点数は100点満点中18点だから再評価の結果も「不可」と。

　クレームは、なになに。「私は体育界《ママ》野球部に所属しています。日々の厳しい練習のために、思ったように時間が取れず、思ったような勉強をすることができませんでした。さらに元々からだが弱く、テスト前に体長《ママ》を崩《くず》してしまいました。成人式のために、帰省もしましたが、そのために、思ったような勉強時間が取れませんでした。しかし、今回の試験にあたって自分なりに精一杯がんばりました。どうか誤《ママ》配慮のほどをよろしくお願いします」。

ひょえー、ところどころに論理矛盾や漢字の書き間違いが。クレームに対する返答を書くか。「お身体弱いのに、体育会野球部でご活躍したり、成人式出席などはできるのですね。成績を再評価しましたが、１００点中18点で、まことに残念ですが、60点の可には足りません。お手紙のような勢いで次回も、この試験がんばってくださいね」。やれやれ。

そうこうするうちに、前日の睡眠時間４時間の疲労がたたって眠くなってきた。でも、教授会に出ないといけない。ユーウツな気分で会議室に向かう。教授会は定刻を15分過ぎて始まる。まず、理事長による施政方針演説のような、動向分析から始まる。今年度は２つの学部で定員割れだった。このままだと財政的に本学は苦しい。できる限りの知恵を絞って学生確保に努力してほしい。内容はここ数ヵ月ほとんど変わらない。そのあとで、爆弾発言が続く。「苦しい財政状況から鑑《かんが》みて、今年度のボーナスを１ヵ月分カットすることにする。給料日も25日から月末へと変える！」年収が一気に７％ダウンだ。

オーナー理事長の大学なので、誰も文句は言えない。本学よりも学生が集まらない大学ではいよいよ給料の遅配が始まったというし……。

続いて学部長や学部執行部による報告事項と審議事項。理事長と学部執行部サイドでは固まっているが、教員に負担をかなり強《し》いる議案があり、大激論となる。が、いつものように、理事長の「その案でいくしかない」のツルの一声で決定する。

かと思うと、「本学の方針としては今後○○のような学生を集め、ひいては××の点で有名な大学をめざすべきではないでしょうか。そもそも15年前の□□があった時から……」おお、始まった。C教授による恒例の大演説会だ。主張している内容は、財政的裏付けのない抽象論なのだが、古株だし、反論するとその5倍の勢いで再反論がかえってくるので、誰もが下を向いて黙っている。聞かされる身にもなってほしい。学部長が口を開く。「その件は、次回教授会に回しましょう」。C教授はちょっと拍子抜けした感じだが、次回までおぼえているだろうか。

途中、ウトウトとしてしまったが、5時間にものぼる教授会がようやく22：00に終わる。一番大事な議案については、議論が紛糾し、なおかつ執行部原案の矛盾への批判が噴出し、さすがに、理事長もウンと言わず、来週に臨時教授会をすることになった。やれやれ。

さすがに疲れた。重い足取りで帰宅したのは真夜中。結婚20年たった妻はすでに寝ている。化粧を落とした顔は、シワが目立つだけだ。夕食は何かと見ると、ちゃぶ台に納豆、できあいのコロッケ（推定60円）、ご飯、インスタントの味噌《みそ》汁が用意してあった。また今日も、同じようなおかずで、手をかけたものといえば、ご飯を炊いただけ。「他のおかずは、すべて子供たちが食べてしまったので」と伝言メモ。うーん、クサンティッペとか何とか？　ソクラテスの妻に似ているんじゃないだろうか。オレも歴史に残る一流の学者になれればいいのだが。

ちゃぶ台には来年受験を控えた長男（高3）の模試成績も。偏差値が45に届かない。これでは、第一希望の国立大は2浪しても難しいだろう。勉強しているかと長男の部屋をのぞくと、すでに寝ている。受験生なのに。だいたい1日10時間は軽く寝ているようだ。起こすと逆ギレされるし……。

さて、この夕食を食べたら、明日までに作成しなくてはならない教務委員会への報告書をまとめるか。とてもじゃないが、研究論文を書いている余裕はない。明日の授業2コマの準備もあるし。今日も睡眠時間4時間態勢だなあ。

＊以上の記述もフィクションです。実在の人物・団体・事件などには、いっさい関係ありません。

本書の目的と内容

Ａ教授とＢ教授の２人の対照的な教授生活を、あえて戯画化してみた。文系なら、Ａ教授（これを〝ええきょうじゅ〟と関西読みしたあなた、良いセンスです。今後の筆者の意図も汲《く》み取っていただけそうである）に、誰もがなりたいと思うであろう。まさに、天国と地獄の極論ではあるが、少子高齢化を受けての暗い大学事情の現在、デフォルメはあるにせよ、実態は限りなくＢ教授に近い教授も存在するようだ。

だが、正直申して、**Ｂ教授でも、まだまだ専任教員になれただけ、マシ**なほうだ。

水月昭道氏が、『高学歴ワーキングプア』（光文社、２００７年）と『ホームレス博士』（同、２０１０年）で、いみじくも指摘したように、文科省の大学院重点化計画などを受けた結果、博士号を取得してもアカデミック・ポストや知的な仕事に就けない層も増大している。非常勤講師だけでは、なかなか食べていけないなど、大学業界が抱える問題は山積し、若手の高学歴者をはじめ、大学教員予備軍の窮状には、シンパシーを感じる部分も多々ある。

ネタばらしをすると、今や完全にＡ教授のような優雅な大学教授は皆無となっているだろう（そもそも、コマ数面での授業負担が少なくて、なおかつ高給な文系教授はほとんどいない）。その反面、大学業界というのは、ある意味「格差」が大きい社会である。勤務する大学によって、年収、教えるコマ数、研究費や研究室などの環境、社会や学界での地位等々に、大きな差がつくのだ。

その上、大学生の「就職活動（就活）」のように、大手の（イ）という企業への就職には失敗したが、（ロ）という中小企業には就職できたというモノではない。大手の大学の専任教員の職に就けなくても、中小短期大学の職になら就けるとは必ずしも限らない。たとえば、民間企業の営業職なら、大手に落ちても中小・零細企業に受かったり、留年して翌年再チャレンジできる。ところが、大学教員の場合、特殊な分野だと、数年に1回しか公募がないことが多々ある。まさに、専任教員になれるか否か（いわゆる「崩《くず》れる」か）の格差は、生涯賃金にして数倍以上になる。

実際、少子高齢化が進み、衰退する日本の大学業界では、悲惨な話題に事欠かない。ミクロな各大学事情でも、ボーナスや基本給がカットされた、定年が引き下げられた、雑務が倍増、学生や院生のレベル低下などなど、教育・研究面での条件悪化が目につく。

マクロ的に大学業界を見ても、最近の調査では、約40％の私学が赤字経営になったというデータもあり、倒産する私学や退職専任教員の後任を埋めない国公立大学の話も頻繁に聞く。[1] ここ10年間に私学の1割位が学生募集停止（いわゆる倒産）に追い込まれるとの推測もある。

たしかに、筆者が学生時代だった30年前（１９８０年代）と比べても、現在の大学を取り巻く環境は雲泥《うんでい》の差だと感じることが多い。のどかな時代ははるか彼方に過ぎ去り、厳しさは増すばかりだ。

チャンスはまもなくやってくる！

ただし、近未来にチャンスがないわけでもない。日本社会の高齢化現象は大学教員市場でも起こりつつあり、退職者が今後増えていく。**少なくとも、年間５０００人、多い時には８０００人規模の補充人事がありうる**だろう。[2] とくに、１９４７年〜49年生まれの「団塊の世代」が、大学の平均定年年齢（65歳）を迎える２０１２年頃からは、分野によっては、専任教員のポストが現在よりもかなり増える可能性もある。

また看護学をはじめとして、専任教員になりうる人材が逼迫《ひっぱく》していたり、しそうな分野もある。また、筆者が耳にした大学教員への就活体験談の中には、失敗の理由が本人の努力不足や能力のなさだけによるものではなく、やり方をちょっと間違えていただけで、惜しいなあと感じるモノも多い。

後述するように、大学専任教員職の求人においては、「純粋公募」を実施する事例が10年前と比べると、数倍に増えている。純粋公募では、いわゆる「コネ」を持たない候補者も選考の対象となる。なおかつ、データベースで求人を検索することも容易になってきた。また、大学市場の流動性も、たとえば筆者が専門とする政治学のように、若手・中堅を中心に増えてきている分野もある（なお、本書では、あくまでも中立的な意味として、「ツテ」や「つながり」を包含する語句として、「コネ〔networking〕」という言葉を使用する。それには侮蔑《ぶべつ》的ニュアンスを付与していないことに注意されたい）。

筆者自身も、これまでに地方私立短大に1990年に採用されてから、地方国立大学を経て関西圏の私立大学と、3つの大学を転々とし、アメリカ、カナダ、オーストラリア、ニュージーランド（以下、NZ）などで研究生活を送ってきた。その過程で、100人を超える先生・同僚・研究仲間・知己などからさまざまな情報や知識を得てきている。時には、ビールを飲みながらという気楽な雰囲気で、ざっくばらんに各業界における人事話（採用と転任）を、日本語と英語で聞いてきた。

さらに、勤務校においては、**新学部開設という、大学人として一大業務を拝命し、その過程で文部科学省との学部設置交渉過程をつぶさに見る**という、得難い経験もした。

1章で詳述するが、学部・学科・学生定員増というのは、教員ポストを得る大きなチャンスとなる。これまでにいろいろと見聞した話では、たとえば、国際関係分野の新学部設置にあたり、専任教員になるには、学閥より何よりも重要な条件があったようだ。

具体的には、

①一定数の学術論文のみならず、博士号あるいは博士号に相当する単著学術本の有無
②非常勤講師歴を含む短大・大学での教歴
③少なくとも自分の研究地域や分野における外国大学（院）などへの2年以上の留学歴および当該外国語能力
④内部移籍メンバーにマッチするような性格や考え方があるか

以上がポイントとなったとのこと。

本書では、このような見聞やこれまでの大学業界や市場に関する邦語や英語での文献をもとに、学部学生、院生、博士課程修了者や単位取得退学者、オーバードクターやポスドク、そして一般社会人にも、できるだけわかりやすく書いたつもりである。

本書の最大の特長は、これまでブラックボックスに入れられていた大学教員採用人事を、

とくに採用サイドから説明し、ガイドブックとして使えるようにした点だ。筆者を含む取材源は採用者としての経験を持つか、あるいは、自身の就職について、採用後「実は、かくかくしかじかの事情で君に決めた」というような話を聞いている。

おもな対象は文系の大学や大学院での就活事情やらハウツーであるが、大学人という面からは、カルチャーがかなり異なる理系（とくに実験系）事情にも適用可能であると思う。また、今後の大学教員市場動向についても、独自の分析を入れて解説したい。**文系でも理系でも、専任教員になりやすい分野もあれば、きわめてなりにくい分野もあるのは厳然たる事実だ。**

法学・政治学関連では、「本当は政治学をやりたかったが、政治学では食えないので、就職しやすい実定法を専攻した」という話を聞いたのは１度や２度ではない。その反面、政治学でも次に紹介するＨ氏のように、多少時間がかかってもアラフォーで専任教員のポストを見事にゲットするケースもある。

さらに、文科省などの大学政策により、かつての法科大学院（ロースクール）設立時のように、バブル的需給ギャップが生じて、急遽《きゅうきょ》売り手市場となる場合もある（第３章参照）。**現在の教員市場動向から、将来のトレンドを「読む」対策も必須《ひっす》となろう。**

本書の各所には、「採用ポイント」と題して実例を挙げた。個人情報も含まれるかもしれないので、「若干編集した部分」もあるが、一採用サイドとして推測した「採用ポイント」はある程度の普遍性があるものと思う。一般民間企業への就活でもそうだが、いわゆる「内定長者」的に、いくつもの大学から来てくれとお願いされる人がいないわけでもなく、やはり、決まる人はそれなりのツボを押さえているようである。

採用ポイント1　非常勤講師での評判

H氏は、国際関係史を専攻する30代の若手研究者である。「αレベル（10頁参照）の国立大学」で法学・政治学を勉強し、引き続き、その大学院博士課程まで進学。その分野では誰もがその名声と評判を知っている、かなりの大物教授に指導を仰ぐことになった。

H氏の転機は、博士課程に進学したあとに来る。北米の著名大学院に留学するチャンスを得たのだ。これは指導教授経由で、あるアメリカ人教授からいただいた話であった。20代後半にして、初めての長期海外経験で、最初はいろいろなトラブルもあったようだが、その大手大学院では、ともかく勉強に集中して、歴史分野で修士号（マスター）を取得。膨大な英文読解と授業中の討論ではかなり苦労したが、ここで身に付けた英語力が、その後幸運をもたらす。

帰国して、元いた日本の大学院で、課程博士（博士甲種）用の論文を提出して、博士号を取得するのはちょうど30歳になった時である。ただし、分野的にはきわめてポストが少ないこともあり、そう簡単に専任教員の職はなかった。博士号を取る前後から日本学術振興会（学振。詳細は１７３〜１７５頁を参照）の特別研究員に選ばれ、３年間続けた。その後、いろいろな大学で非常勤講師や客員研究員をしつつ、３年半の間、チャンスを待つ。高校教諭をしていたＨ氏のお父さんをはじめご家族も、経済面や精神面で支えてくれたようだ。

後述するように、非常勤講師だけではなかなか満足がいく収入が得られず（年収40万円以下の時もあった）、個人の収入面では、この時期Ｈ氏自身はいわば「高学歴ワーキングプア」の状況にあり、かなり苦労したと想像できる。

Ｈ氏の偉いところは、就職が難しくても心が折れなかった点だ。自分の研究を地道に続け、一次史料を駆使して課程博士論文を書き直し、出版する計画も立てていく。海外の学会でも英語で研究発表し、それを査読《さどく》（レフェリー）付き（査読については90頁参照）の英文論文にまとめるなど、英語面の強さも発揮していく。また、指導教授も面倒見の良い方であり、いろいろな大学の非常勤講師職や、奨学金・助成金を出してくれる団体などに推薦してくれ、それがうまくいったこともある。35歳の時には、ある公立系財団法人の任期付き非常勤研究員になったが、月給は20万円と悪くない待遇だった。ここでの仕事はH氏の専門分野とはまったく異なる業務であったが、柔軟にこなして、事務処理能力も身に付けた。

ただし、いくつかの公募には出していたものの、専任教員ポストとなると、なかなかうまくいかなかった。が、決してくじけることはなく、いろいろなコネも徐々に作っていった。最大のチャンスは、非常勤講師勤務校のひとつが新規の学部を設置する時にやってきた。人事委員会のある教授が、そこでの授業評価や業績をよく知っていて、候補の1人として推薦してくれた。指導教授による推しがあったのも効いたし、業績も質量ともに文科省の学校法人審議会（設置審）による審査をクリアできるほど蓄積していた。専門分野もちょうどうまい具合にカリキュラムと合致した。人事委員会での正式な面接でも好印象を残すことができたH氏は、文科省の承認を待って、数年後には設置されるであろう、新学部に准教授として赴任することが決まったのである。
この審査委員会では、博士論文を大幅に加筆訂正し、発刊予定の原稿も、出版社からの出版証明書付きのゲラ刷りの形で間に合い、業績の1本として高く評価されることになった。さらに、この学術的単著本は、新学部赴任直前に刊行され、ある学会の賞を受賞する。人事委員会でＨ氏を推薦した教授も大喜びである。

こうして、苦節6年あまりのオーバードクター生活を経て、30代後半で都市部にある、βレベル大学に赴任したＨ氏は、非常勤講師時代には縁がなかった雑務もうまくこなしつつ、授業も楽しんで教え、なおかつ着実に自分の研究分野の発展にも貢献している。

このＨ氏のような実例にもとづく、ノンフィクション・ストーリーが本書では至る所に盛り込まれている。

「職がない」とか「公募の倍率が高い」とか「指導教授が無能」とただ嘆いたり、「世間が悪い」などと日本社会を呪《のろ》うだけでは、大学教員になる道は拓《ひら》かれない。本書で主張するような自分の資格《スペック》・能力（Ｈ氏の場合、大手大学の博士号、留学経験、英語力、柔軟な姿勢、恩師のコネと非常勤講師歴、温厚で協調性のある人柄）を徹底的に活かして、計画的に就活を進めていこう。努力していくと、チャンスは思ったよりも早く訪れるかもしれない。

「衰退産業としての大学」が厳しさを増す２０１０年代。でも、世代交代による一筋の光が見えるようないまの時代に、どうすれば、（専任）教員ポストを獲得し、なおかつ大学業界でサバイブしていけるのか、「裏ワザ」を含めて解説していきたい[3]。


なお、本文中では、取材協力者が特定されるのを避けるために、あえて事実をぼかして書いた部分があることをご理解されたい。勤務先などは取材時の場合もある。

また取材協力者の年齢層は、20代〜60代まで幅広い年代にわたるため、専門分野によっては、採用や転職事情が取材対象者の体験した当時から変化している可能性もある。しかし、それでも、全体の傾向を把握するという観点では役立つであろう。

第1章　採用側から見た就活のプロセス

『大学教授になる方法』の時代

本書の先駆けとなる本が、1991年に出版されている。当時、およそ20万部の大ベストセラーになった鷲田小彌太著『大学教授になる方法』（青弓社）である。この本は「偏差値50前後」で大学教授になれるというキャッチフレーズをひっさげて、「普通の人」が「普通の職業」としての大学教授になれるハウツーを豊富な例を引いて説明した。続編の『大学教授になる方法――実践篇』も同じ年に書かれており、およそ15万部売れているうえ、2冊とも文庫本になっている（PHP文庫。正篇は5万部、実践篇は3万部）。当時、地方私立短大に勤務していた筆者も、新聞の広告欄で見つけ、早速取り寄せて、読みふけったことをいまなお想い出す。

両書とも、現在読み直しても、首肯《しゅこう》できる面が多々あり、きわめて参考になる嚆矢《こうし》だと高く評価できる（ただし、〝超ウラ技的な情実人事〟などは、さすがに最近ではめったに聞かない）。その一方で、初版が書かれたのが、まさにバブル経済の時代で、なおかつ、団塊ジュニア（1971～74年生まれ）という大規模人口層が18歳に達する、大学入学者数拡張期（1986～92年のゴールデン7《セブン》）のさなかに当たっていたことには注意を要しよう。[4]

文部省（現・文科省）が大学に認めた学部定員の臨時定員増時代でもあり、多くの大学がまだまだ高競争率と高偏差値を保っていた時代背景を反映していたからだ。日本経済が、その後長期にわたる不況に陥るとは予想できなかった状況下で、大卒者の就職全般が「超・売り手市場」だったのが、90年代の前半だった。

大学教員市場も日本の経済情勢と無縁ではない。景気が良いと、受験生の受験校数が増え、私学志向も強まり、大学業界に数々の恩恵がもたらされるからだ。その意味で、バブル経済崩壊後の「失われた20年」を経た日本では、鷲田小彌太氏の楽観主義と「モラトリアム」重視の考え方には、若干の違和感が出ても不思議ではない。

『高学歴ワーキングプア』ショック

鷲田小彌太氏による両書出版の１９９１年から、文部省による「大学院重点化」政策が始まり、旧帝国大学などの有力大学を中心に大学院定員の倍増が実施された。ちょっとムリしてでも大学院定員を埋めないと、国からの多種多様な恩恵を受けることができなくなったのである。その結果、大学院生数は増え続け、有名大学では、学部入学よりも大学院入学のほうが簡単になる逆転現象すら、頻繁に起こっている。昔から少しあったものの、無名大学学部出身者が、偏差値などの面で高ランクの有力大学大学院に入学し、修士号や博士号を取得する手段も今や普通である。[5]

問題は、91年以来急増した大学院生数（とくに博士課程院生）に、短大・大学の専任教員ポスト数が追い着かなかったことから生じている。[6] 文科省による２０１１年度学校基本調査によると、大学・短大への進学率は54・5％、大学生と大学院生数２８９万３４３４人、専任大学教員数（短大を除く）17万６６６３人と、いずれも過去最高を更新している。ただし、２０００年に専任大学教員数が15万５６３人だったことと比べると、11年間で２万６１００人しか増えていない。大学院博士課程在籍者数は、１９９０年の２万８３００人から２０００年には６万２４００人を超えて、２０１０年の７万４６５５人と、過去６年で７万人台を超えている。91年に始まった大学院生数倍増計画は、２・５倍以上の博士課程在籍者を生み出すことになったのだ。

この７万人という数字は博士課程の在籍者数であり、２０１０年のデータでは、博士課程を修了しただけで、教員（大学のみではなく、小・中・高なども含む）になれた割合は、36％に過ぎない。この数字は理系も含み、人文・社会科学系の文系に限ると、数字はさらにグッと減る。人文科学系分野の博士課程修了者で教員になった割合は23％程度、同じく社会科学系分野では、28％程度だと推測できる。繰り返すが、これらは小・中・高や予備校などを含む専任教員数であり、短大・大学のみではない。

博士課程新卒者の大学教員就任率は、１９６５年から10年間程度はおよそ35％前後だったが、その後30％を下回るようになり、91年頃の約25％から05年の約15％までほぼ一貫して下がり続けている。なお、水月昭道氏によると、２００９年頃、約10万人の博士号取得者が非常勤講師などであり、正規雇用ではないという。[7]

このように、「高学歴ワーキングプア」の原因のひとつには、研究者数（博士号保持者や博士課程単位取得退学者）に対して、専任教員や研究職の数が少なすぎるという需給ギャップがある。さらに、国立大学に供与されていた運営交付金が、05年度から６年間続けて、約

1％ずつ削られ続けたことも、専任教員ポスト削減につながった。[8]この事態に手っ取り早い対応策として国立大学が講じたのは、退職する専任教員の後任を埋めないという人事政策だったからだ。

さらなる問題もある。水月昭道氏も指摘しているように、非常勤講師職の給料のみでは、生計を立てるのに困難な場合が多いことだ。ただし、ここで触れた需給バランスの問題も、非常勤講師に依存する大学業界の特質も、日本に限定された問題ではない。

30年前にも、大学院でPh.D.（博士号）を取得したものの、教員ポストがないというアメリカ人の話を耳にすることはあった。たとえば、日本史や日本文学というようなマイナー分野専攻で、タクシー運転手をして暮らしていた人がいた。また、1984年に筆者がトロント大大学院に留学した際、留学生センター長という大学職員スタッフが、同大学院でメキシコ史のPh.D.取得者であったことに驚いた。この方が、「家族もいて、食べていかなくてはならないので、この職に就いた。学会とはほとんど縁が切れて、最新のリサーチができない。大学専任教員への道はほぼあきらめている」と哀しい目で話していたことを想い出す。

今や北米の大学では、5年以上の歳月をかけてPh.D.を取得しても、それに見合う教育職が得られる保証がないこと、そしてたとえ得られたとしても、年収が修士号取得者と大差ないことから、最も優秀な層は、博士課程に行くのではなく、ロースクールやビジネススクールなどの専門職大学院に進学する傾向がある。さらに、非常勤講師や任期付き講師による学部教育も増えており、多くの場合、学部の授業の半数程度が、これら身分の不安定な教員によって実施されているという。[9]

大学教員への就活はギャンブルだ！

筆者は専任教員になって20年を超えたが、大学教員になるための就職活動（就活）はギャンブル性が高いことを特筆しなくてはならないとつねに感じている。民間企業への就活や、公務員試験とはまったく異なるのだ。専任教員（任期、あるいは期限が付いていなくて、定年退職年齢まで、在職できる助教、専任講師、准教授、教授）になれるか否かの差異はきわめて大きい。また、一般企業への就活中の学部生が考えるように、大手民間企業（有名大学）がダメでも中堅・中小企業（小規模な短大や高専など）があるというワケではない。

会社説明会やらガイダンスがあり、そこで実質上の第1次選考が始まり、就活が始まるということもない。「公募」採用にせよ、「コネ（指名）」採用にせよ、各大学が独自に教員採用活動を実施し、書類選考、面接（模擬授業や研究発表を含む時もある）などにより、採用が決まるのが大学業界である。また、「リクナビ」や「マイナビ」のような就職斡旋《あっせん》会社のウェブサイトに登録することもない。ただし、公募情報は、独立行政法人科学技術振興機構による研究者人材データベース（JREC-IN）があり、採用する側も採用される側も利用可能となっている。

一般化すると、大学採用人事は、学部新卒採用人事と正反対である。すなわち、民間企業などでの新卒一括採用方式は、学部生の潜在力に注目して、採用後の社内研修やオン・ザ・ジョブ・トレーニング（ＯＪＴ）により、社風や職種に合う人材を、ある程度の期間をかけて育成していくというものである。それに対して、大学業界では、新卒にまったくこだわらない（むしろ新規の大学院修了者や博士号取得者は就活で不利になる！）反面、「即戦力」になる人材が求められる。たとえば、定年65歳の大学で「教授職」で新しい採用人事をする場合、年齢も35～60歳くらいまでの幅での採用が可能となる。そのことが就職に有利に働く場合と不利になる場合があろう。

日本の大手民間企業で見られるように、新卒一括採用方式だと、だいたい同じ年齢の似たような経験を持った人材層での戦いとなる。知識のほかに、コミュニケーション能力、リーダーシップ力やら体力など、その会社に適した基準で採用が決まるものの、基本的にはきわめて同質的な多数の中からの選考となる。大学採用人事では、博士号を取ったばかりで研究業績もあまりないポスドクやオーバードクターが、学会を代表する著名教授と、1つのポストをめぐって争う場合も多々ある。その著名教授は、博士号に加えて、学術単著を何冊も出し、インパクト・ファクター（Impact Factor、IF＝被引用回数）の高い査読《レフェリー》付きの秀逸な論文を持つ人かもしれない。極端な話では、50歳を超えた大学教授と20代の自分の教え子が、同一の公募ポストを求めて真剣勝負するケースもあろう。

いずれにせよ、大学教員ほど専任職に就けるかどうかで、人生が変わる職業も少なかろう。非常勤講師はまだまだ比較的就職しやすい（が、これも分野による）ものの、それだけではなかなか食べていけない低収入構造は残っている。専任教員になれたら（なれたで、後述するような多種多様な問題が残るものの）、かなり安定はしているが、なれなかった場合のリスクはきわめて高い。

「高学歴ワーキングプア」対策を考える

このように、大学専任教員に最終的になれずに、「崩れた」というような話は今世紀に入ってから突如出てきたワケではない。ある学問分野ではなかなか専任職がない、食えない、博士課程に入れずに辞めた、という例も30年前から多くあった。世代的には、日本がまだまだ貧しかった60年代~80年代初頭にかけては、大学院に行きたかったけれども、家計が許さず行けなかったとか、助手として残るチャンスがあったが、より収入の高いビジネス・パーソンや予備校講師にならざるをえなかったという人もいた。えり好みできる豊かさそのものが、まだまだ実感できなかったから、就職となると「食べていけるかどうか」が一大基準だったのだ。

無論、水月昭道氏の著書に出てくるような、信頼している指導教員が博士課程設置にともない熱心に薦めたためにその気になり、信じきって、大学院に入ってしまったというようなケースもあろう[10]。反面、昔から良心的な教員は、あまり容易に大学院博士課程進学を薦めてこない傾向があった。筆者の知り合いを含めて、「(指導教授からの)就職の世話は期待できないけど、それでもどうしてもということなので」という条件付き、すなわち、あくまでも就活については「自助努力」を前提で、大学院に進学した例も多々ある。

マクロ的に大学教員市場をとらえた場合、世代的な有利不利は確かにある。１９６５年には５万７０００人だった大学・短大の専任教員数が１９９０年には12万６０００人へと倍以上に伸びているように、ポストは一般的には右肩上がりで上昇した。とくに80年代半ばから

〝ゴールデン7〟と呼ばれる90年代前半までは、専任教員数増加期に当たる。団塊ジュニア世代が大学に進学したために、短大・大学にも臨時定員増が認められたからだ。繰り返すが、現在は約17万6663人なので、90年から5万人程度しか増えていない。より重要なのは、山田昌弘氏が『希望格差社会』（筑摩書房、2007年）でいみじくも指摘したように、この頃までの大学教員市場には、図1に見られるようなパイプラインとしての教育制度が、現在よりもずっと機能していたことである。[11]

山田昌弘氏によると、90年代くらいまでの日本では、学校や学歴により「あきらめ」のシステムが作用していたという。大学院から大学専任教員に進むパイプラインで説明すると、どの程度の大学院を出れば、どのような大学の教員になれるか、「目安」があった。ちょうど医学部に入学しなくては、どんなに医者になりたくともなれないように、大学院定員が少数で、なおかつ大学院入試も高レベルを維持し、定員割れも辞さないパイプラインでは、外国語能力不足などによる大学院入試での失敗や、あるいは、入試時の面接における指導予定教員のアドバイス（「この専攻だと食べていけないよ！」「就職は世話できないけどいいですか？」）を受けることによって、別の道に進むことができた。

また、現在よりも経済が上昇気流にあった時代では、小・中・高は無論のこと、予備校・

図1　パイプライン・システムの概念図

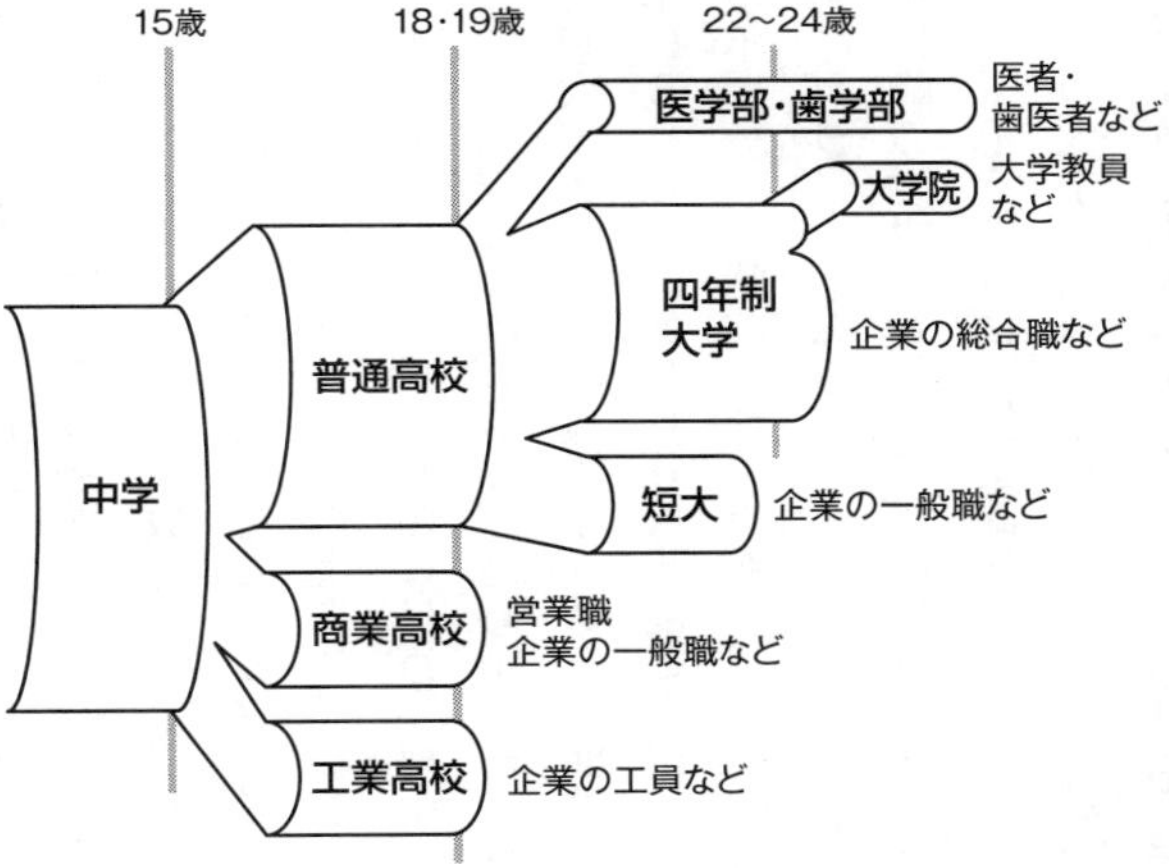

出典：山田昌弘『希望格差社会』（筑摩書房、2007年）106頁、図表4−5

塾・専門学校をはじめとして、大学専任教員ポスト獲得のレースから漏れた文系高学歴者用の「知的な仕事」も国内に用意されていた。極論すると、学界とか大学教師の道を「あきらめ」ても、それよりも実入りの良い別の道も残っていたのだ（実際、1990年以前に大学専任教員になった本書取材対象者の中には、「大学に就職して、最初の給料のあまりの安さに驚いた。その前の予備校講師のほうがはるかに儲《もう》かった」と話してくれた人もいた）。

漏れる！　パイプライン・システム

現在の状況はより深刻である。約4人

に1人が高齢者（65歳以上）という少子高齢社会、人口の減少、経済のグローバル化による国内産業の空洞化、その結果としての低経済成長時代。さらには、大学院拡張計画による大学院生のレベル低下と院生数急増……これらの要因が複雑に絡み合い、現在の日本の教育制度では、山田昌弘氏が提示したパイプラインから「漏れ」が生じ、フリーターを中心とする高学歴ワーキングプアも多く生まれてしまった（図2）。

この研究によると、03年頃には毎年博士が1万人ほど誕生しているのに対して、専任教員や研究所研究員の求人数は、当時1年に3000人くらいしかなかったようだ。本書では今後の短大・大学専任教員の求人数を、団塊の世代の現職教員による退職ラッシュも当て込み、1年に5000～8000人程度と山田昌弘氏の算出数字よりも高く見積もるものの、これも数年間続く一時的な現象であり、長期的には教員数の激増は望めないだろう。

パイプラインから漏れないためにできることのひとつは、「目安」をつけることである。次章以降の説明を参照して、**自分のめざす専門分野での今後の市場規模をおおよそ算定してほしい。そうすれば、博士課程を修了して、博士号を取得してから、どのくらい希望の職場としての大学に就職できるかの「目安」がつくだろうし、場合によっては「あきらめ」ざるをえないかもしれない。**とくに、現在まだ学部生や修士課程の院生やアラサー世代なら、パ

図2　パイプラインからの漏れ

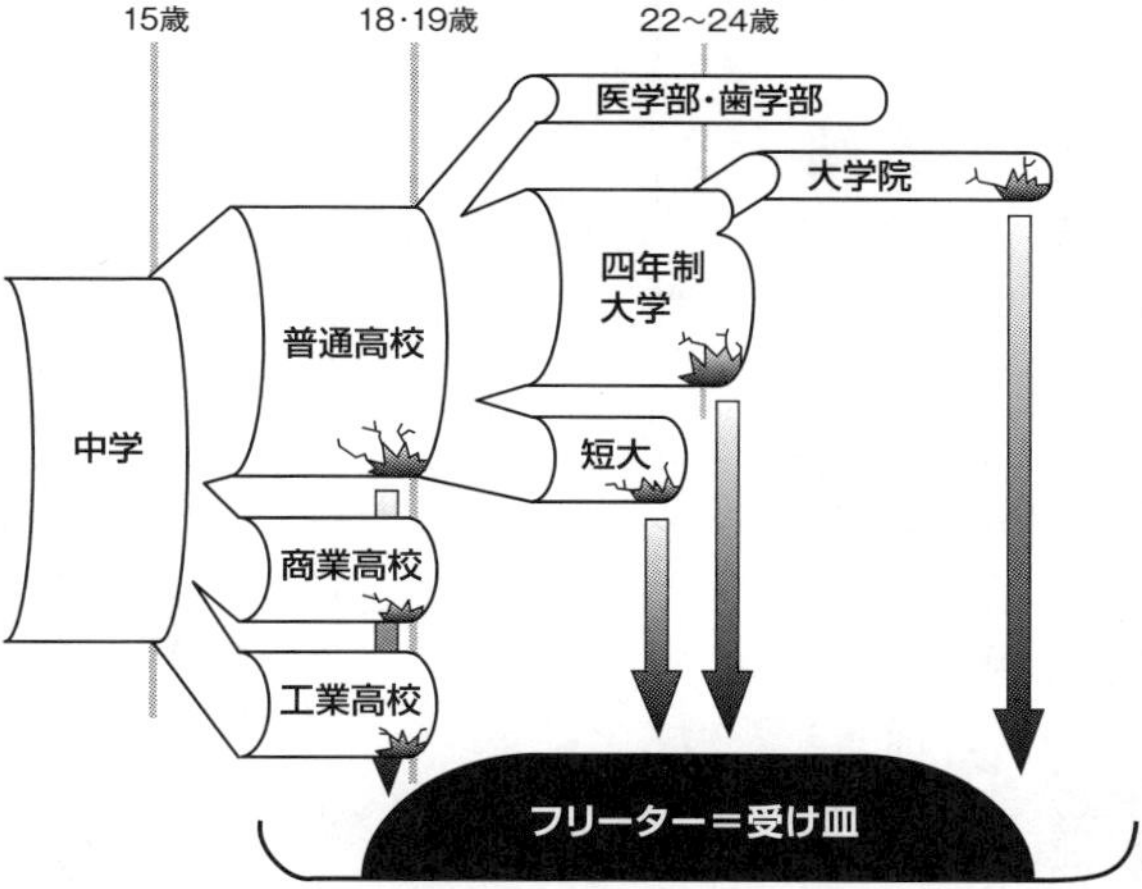

出典：図1に同じ。193頁、図表7-1

イプラインを降りたり、乗り換えたりすることによって、大学教員市場とは別の、より大きな市場（たとえば民間企業）に参入することができる。

理系の場合、『博士漂流時代』（ディスカヴァー・トゥエンティワン、2010年）の著者・榎木英介氏のように、東大の理系博士課程後の就活に見切りをつけて、神戸大医学部に入り直して、医者になることで生計を立てることもできよう（その後、氏は、神戸大から医学博士号取得）。

文系の場合、よほどの特殊技能（near-native並みの英語力などの語学力、プロハッカー並みのパソコン能力など）を持つか、弁護士、会計士、経営者狙《ねら》いの専門職大学院ではない限り、企業や官公庁では、修士号以上の学歴はあまり評価されず、新卒採用条件の年齢制限にひっかかってしまい、就職ではむしろ不利になる。ただし、学歴ロンダリング的に、Zレベルの地方私大から京大の修士課程に進むなど、企業や官公庁サイドからも評価されうる進学も、修士レベルではありえる。

このように、日本の大学教員業界のパイプライン・システムは漏れており、20〜30年前と比べると、博士課程修了後に大学専任教員になることを希望するのはかなりリスキーな選択肢である。「高学歴ワーキングプア」になるのを避けるためには、まずは大学専任教員以外に、適性や資格などから、自分がどんな仕事に就けるのかを考えるのも一案だろう。中堅・中小企業の中には、知的トレーニングを受けた人材を求めている所がまだまだあるかもしれない。

かつてよりも受け皿は小さくなっているが、小・中・高の教諭、専門学校・予備校・塾の講師、就職年齢制限が一般企業よりもゆるいマスコミ関係やジャーナリスト、あるいは配偶者を世帯主にしての専業主婦（主夫）なども十分アリだろう。さらに、次章で説明するように、まだまだ若くて、英語などの外国語の運用能力を身に付けられる場合なら、海外の大学専任教員市場に進出することもできる（筆者自身、短大に就職する前には、アメリカの大学の日本校で英語教師をしていたし、もしもアカデミック・ポストに就けないのならば、地方紙の記者か高校英語教師の道も考えていた）。

それでも大学専任教員をめざすなら

次章で提示するが、**大学教員市場の最大の特色は、新卒一括採用がメインのビジネス界などと違って、パイプラインへの途中参入が可能な点だ。**

一度降りてから、チャンスをうかがい、もう一度パイプラインに戻ることもできる。シンクタンクや研究所という隣接業界は無論のこと、サラリーマンから大学教授になることも夢ではないし、実例は多々ある。たとえば、JREC-IN による大学教員公募情報では、年齢による制限が認められていないことからもわかるように、その大学の定年年齢の5年前まで（だいたい、60歳くらいまで）なら、再チャレンジで、専任大学教員にトライすることが何度もできる。

さらにもうひとつ。現在の院生やポスドク諸君を含む大学教員予備軍を見ていると、自分の専門分野における大学教員市場を十分に研究せずに、やや気軽に博士課程に進んでしまっているきらいもある。孫子の兵法ではないが、「敵を知り、己を知れば、百戦して危うからず」である。「己」の得意・不得意スペックを知らず、なおかつ「敵」たる大学教員市場の特性というモノもわかっていないから、失敗している人もいるのではないだろうか？

筆者は政治学者として20年以上メシを食ってきたため、自分の分野の市場特性についてはかなりわかっているつもりだ。たとえば、政治学分野で、毎年4月になると誰がどこの大学に採用されたとか、誰がどの大学からどの大学に移籍したという情報が伝わってくる。その積み重ねから、この人事はこんなことを考えて行われたのだろうとか、へー、この公募条件からはこういう人材を欲しがっているようだな、というような「目安」がつくようになった。

本書を読んで、採用サイドから見た大学専任教員の世界を知っておくと、そのような「目安」を含めてのノウハウが身につく。まさに、大学業界のさまざまな「常識」を知れば、知らないよりははるかに、専任教員のポスト・ゲットに近づくであろう。

まず、採用人事の基本的手順を知れ！

大学業界の人間にとっては常識的なことも、業界外だとなかなか理解できない部分もあろう。まずは、採用サイドから見た大学専任教員の採用人事の手順とプロセスを説明するので、それを熟知していただきたい。私学で理事長や理事会が実質的に独裁的権限で人事を行うような大学を除くと、文系であれ、理系であれ、国公立大であれ、私立大であれ、だいたい似たようなパターンで採用人事をするのが通常だからだ。[12] ちょっと長くなるが、そのような手続きや過程は重要なので、ガマンして読んでほしい。

退職、補充、あるいは新規などで専任教員ポストの募集が必要になったと仮定してみよう。そこからその学部あるいは大学院大学（教員の所属が学部でなく大学院である旧帝大などのこと）では研究科内で、人事委員会（あるいは選考委員会などの名称もある）を設立する。人事委員会は、研究科・学部の専任メンバー（場合によっては教授のみの所もある）によって投票で決まるか、あるいは投票で決まった学部長（院の研究科委員長）の指名により、成り立つ。つねに同じメンバーではなく、毎年変わったり、２年ごとに変わったりする。人事委員会は少なくとも３名、多いと６〜７名。その学部内での専門分野を代表させる形で、構成される。**この人事委員会が当初、絶対的に重要となる**。

その人事委員会では、ポストをどのように埋めるかについて正式に話し合われ、分野（専攻）、教育担当科目、採用時年齢、職階、採用方法などを、人事委員会以外の教員とも場合によっては懇談しつつ決めていく。すなわち、分野（専攻）と教育科目としては、(a)どの分野のどのような科目担当者が望ましいか、年齢については、(b)採用時の年齢はどの程度がべストか、職階は、(c)助教、(専任講師)、准教授、教授のどのポストで採用するか、さらには、(d)具体的な採用方法として、①コネによる選考か、②公募による選考かの原案を決めることになる。

ここで、①のコネによる選考になった場合を考えてみよう。コネ採用で一番単純なのが「一本釣り」と呼ばれる、候補者を1人に絞っての採用である。[13] "あたり"をつけた有力候補者にオフレコで打診してみてOKとなったら、履歴・業績書を出してもらい、人事委員会にかける。履歴・業績書での審査が終わった時点で、面接や模擬授業・研究発表が実施される時もある。また、「一本釣り」ではないものの、複数の候補者に打診して応募や推薦をしてもらい、人事委員会で最終的に1人に絞る場合もある。

どちらにせよ、人事委員会メンバー間でコンセンサスができたら、正式に、より大きな会議(講座や研究室レベル)でも承認を得る。この会議での承認は人事委員会よりも前に実施することもある。最後は学部(学科)教授会あるいは大学院研究科という、実質的に人事権を持っている正式会議での投票に進み、大学によっては大学評議会(and/or 理事会)などの最高議決機関による承認が必要になることもあろう。

②の公募採用であるが、すでに見たように、いろいろなバリエーションがある。また、公

図３　大学教員採用人事過程の一例

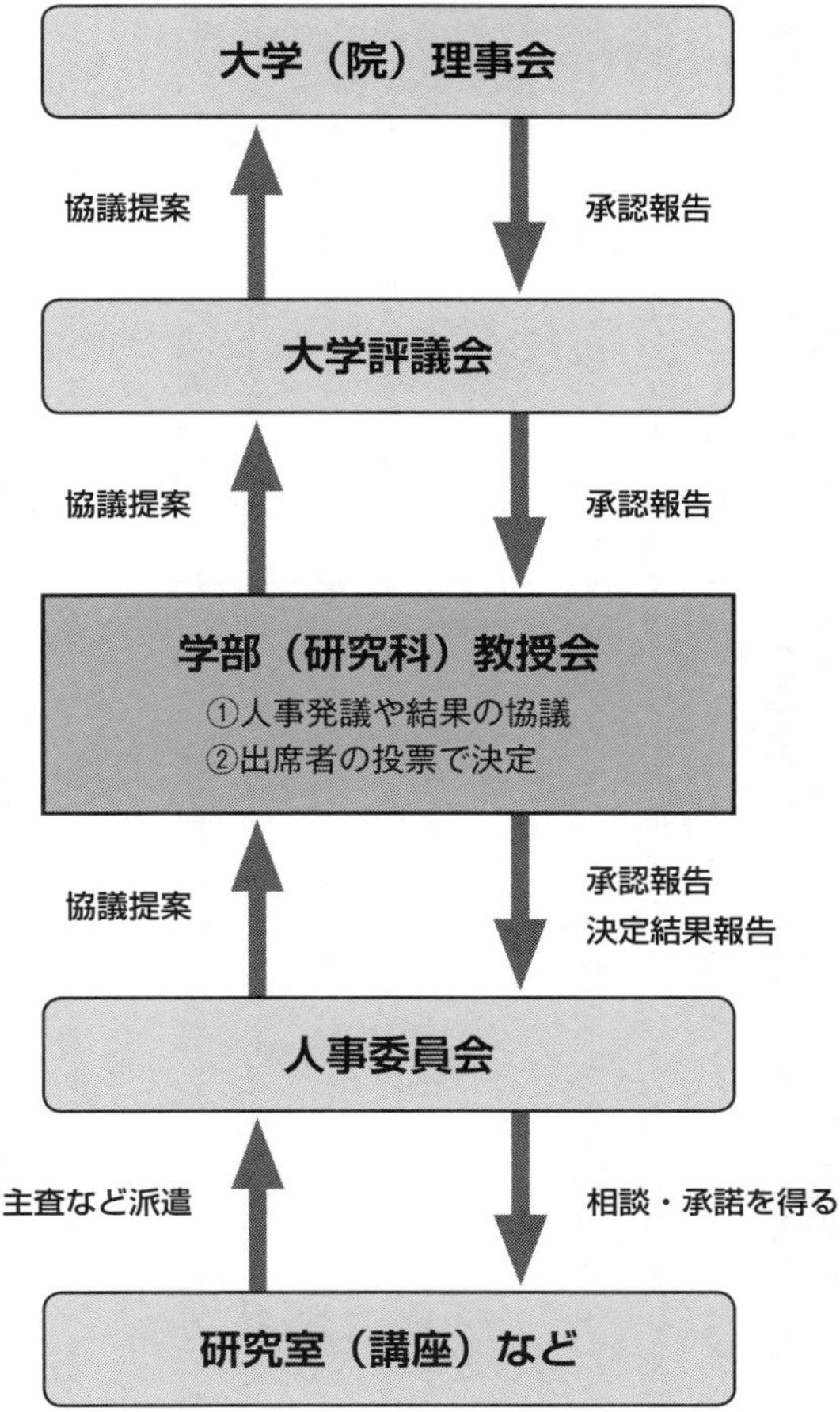

出典：筆者作成

募をどのレベルで告知するかによっても違ってくる。大まかに言って、学部（研究科）内の専任教員のみに知らせる「学部（研究科）内公募」、大学の専任教員メンバーには公開するような「大学内公募」と、JREC-INを含むウェブサイト、当該大学のホームページ（HP）や専門学会などでも告知する「一般公募」の3種類がある。「学部（研究科）内公募」や「大学内公募」では、実質的に学部・大学などの専任教員の推薦を必要とするやり方であり、完全な「一般公募」よりは候補者を絞りつつも、取捨選択したい場合に選択される。「完全一般公募」では、1人以上の有力候補者がいる場合と、筆者も体験したような、まったくコネがない人も対象とする完全公開競争（純粋公募）の場合があろう。

本当に純粋公募か？

「公募」と見せかけて、実は「完全コネ採用」だったような採用人事も実際にあるので、注意が必要だ。実際、某大学のある学部では、学内の他学部がすべての人事を公募にしたことにつられて、昇格（昇任）人事を公募としたが、実態はその学部にすでにいる准教授を教授にするための人事だったという。つまり、公募をしたというアリバイをつくるためだったとのこと。

この場合、公募条件を見る人が見れば、わかるような人事となる。専門分野の特定があまりにも細かい、公募期間が１ヵ月以内など、短かすぎるような条件がつくとアヤシイ。このような場合、実質はコネ採用あるいはコネによる内部昇格だが、形式的には公募としているのかもしれない（ただし、このようなことは、公募している大学に問い合わせても、普通は教えてくれないのは、言うまでもない）。

また、たとえば、理系の例であるが、矢吹樹氏の『大学動物園』（文芸社、２０１１年、76～81頁）に「公募」なのに結果が決まっている教授選という経験談が載っている。この本によると、矢吹氏が37歳の時に、氏の出身大学で氏にピッタリの教授採用公募がJREC-INに出たという。当時、海外で研究していたので、学生時代にお世話になった教授にこの公募について問い合わせてみた。ところが、その返事は「すでに決まった相手がいる。これは大学内の助教授を教授にするための公募であり、形式的なモノだ」とのこと。実際、矢吹氏も応募してみたが、最初の書類選考で落とされ、採用されたのはその大学の助教授で、研究業績は氏の10分の1程度だった！　後述するように、大学教員採用は研究業績だけで決まるワケではないので、似たような事態は文系でも起こりえよう。

若干微妙なのは、有力候補がいるけども、完全公募にする場合である。この時には、フタを開けてみたら、やっぱり有力候補が優れていて、順当にその人に決まる場合もあれば、狙い以上の「有資格《ハイ・スペック》」な応募者がいて、別の候補になる場合もある。このような公募時には、有力候補本人に対しては、「完全公募で採用の確約はできないけど、応募してね♡」とか、あるいは有力教授に、「公募なのでお約束はできませんが、いい人がいたら、ぜひ応募するよう、お弟子さんなどにご指導をお願いいたしますぅ」などとお願いすることになる。結果はまちまちになるが。

公募での選定時の基本プロセス

公募で募集して、何人かの候補者が集まってからは、まずは書類選考で候補者の選定が始まる。一番最初に不適合な応募者を決めていく。条件に合わない者、たとえば、博士号(Ph.D.)取得者という条件が付いていたのに、博士号を応募時点で持っていないとか、若手の専任講師か助教が欲しいのに、年齢オーバー、研究業績数が明らかに足りない、教える予定の科目を教えることが難しいなど、形式要件で該当しない応募者は、この時点でアウトになる。

さらに、業績の数や質、専門性、学界・業界での評判、年齢構成、考え方などから見た適合性などを勘案して、１〜３人程度に候補者を絞る。ここで面接をするか否か、するとしたら残った全員に対して実施するのか、それとも１人に絞るのかなどの細かい点を決める。たとえ数人面接しても、最終的に教授会に候補者として推薦するのは、１人という所が多いだろう（まれに２人候補者をあげ、１名を教授会メンバーの投票で選ぶ大学もあるようだ）。

面接は、人事委員会のみ、あるいは他の講座や研究室メンバーも含んで行われる。最近では、「教育力」重視の風潮から、研究発表やら模擬授業を課す所も出てきた。模擬授業というのは、本書で定義したαレベルやβレベルの（研究中心）有力大学で大学院専任教員になるために、最先端の研究成果を発表することとは異なる。

最先端の研究発表で、どの程度候補者が頭がきれるのか、鋭いのかを求められている場合は、少し背伸びして、自分の英知の限りを尽くして要点をプレゼンすることが求められよう。専門用語の使用頻度など加減が微妙なものもあるが、まずは「お手並み拝見」というケースでは、どのくらいオリジナルで発展可能な研究成果を的確に提示できるかがポイントとなるだろう。もちろん研究発表でも対象に応じて、発表方式は変わるが。

これに対して模擬授業の場合、たとえば文学部で英文学の授業をするならば、日本文学の専門家はもちろん、地理学から宗教学までの専門家がメンバーに加わるケースがある。**専門**

外でも聴いて良かったと思えるような、わかりやすい発表が良いだろう。[14] 専門用語を多発したり、ディテールにこだわった発表よりも、授業面などで同僚として何に貢献してくれるのか？　その要望に直接応《こた》えうる知的関心を引き起こすモノが良い。

さて、模擬授業・面接も済み、人事委員会では、1人の最有力候補に絞った。ここで、最有力候補には、電話などでコンタクトをとり、来てくれるか、本人の意思を確認し、教授会、その後の大学評議会（and/or 理事会）などのプロセスも説明する。最有力候補に断られた場合には、次点の候補に的を絞っていったり、極端な場合、その人事を流してしまうこともある。

流しても、次年度とか次学期の授業科目を埋める必要があって、必ず人員を補充しなくてはならない時には、場合によっては、公募ではなく、急遽コネ採用に切り替えての人事となるかもしれない（「採用ポイント6」のR氏を参照）。その場合、コネ採用での人事プロセスを最初からやり直す。

なお、公募は、ここ20年ほどで目立つようになった方法であり、文系に限ると、とくに日本の大学の頂点とされている東大と京大では、まだまだ公募が一般的になっていない分野（あるいは大学院・学科・講座・研究室）も多々あるようだ。

たとえば、教育学分野では、1980年の1年間に151件の公募があったが、そのうちの大半が名ばかり（実質はコネ採用）だとされた。ある研究では、2000年代初頭の段階で、公募制度による全分野の採用数は全体の3割前後だが、その割合は上昇する趨勢《すうせい》にあると予測されていた。ところが、2005年に刊行された研究では、公募制を実施する大学は平均20％前後にしか過ぎず、とくに「伝統的で威信の高い研究大学の人事」のほとんどがコネで決まるとされている。[15] 次章で紹介するが、公募人事は傾向として増えている反面、学閥などの重要性もいまだに残っている。

投票前の下準備は大変

いずれにせよ、教授会自治がキチンとしている大学では、最終候補を教授会での投票にかけないといけない。教授会での投票は、人事権を持っている組織内で、1回のみで決める大学と2回行う所がある。1回のみだと、採用理由から論文の具体的業績評価まですべてを人事（選考）委員会の主査（1人。状況によっては、2人の副査が付くことも）が説明し、教授会メンバーの判断を仰ぐ。この際、候補者の履歴・業績書と主要業績が配付されたり、回覧される（業績が閲覧可能な場所に置かれて、専任教員なら誰でもチェックできるようにする所もある)。

なお、通常、人事説明会と投票に加わるメンバーは、助教の人事の場合だと、その学部の助教以上全員、准教授人事だと准教授以上の専任メンバー全員、教授クラスになると教授のみとなる。京大など旧帝大の伝統ある学部のように、すべての人事権は教授クラスのみにしか付与されていない大学もある。[16] 人事権をどのレベルが持っているのかは、大事な要素である。

1回の投票で採用を決める方式だと、ここでの投票がすべてである。普通は、人事委員会の決定(原案)に異議が出ないようにしている。各講座・教室などの就任予定者が属する最小単位のメンバーからは、この時までに実質OKをもらい、根回しが済んでいるハズなので、ここまで行けたら、「8割方成功」といえよう。

たとえば、専門的に考えても、地理学研究室での人事に対して、英文学研究室が口を出すことはなかなかできないし、その人事をつぶしにかかると、報復措置(英文学研究室が将来実施する採用人事に地理学研究室がこぞって反対)が取られる場合すらある。ただし、例外はどの人事にもある。いろいろな理由から、延々と反対演説を教授会でぶつ〝豪傑〟がいると、ヘタすると投票で否決され、人事が流れることすらありうる。

２回実施する場合だと、まずはこの人事を発議（スタート）することに、賛成かどうかを該当メンバーが出席して、投票する（なお、教授レベルの採用でも、専任助教以上が全員参加して、投票する所もある）。最初の１回は、人事でどんな専門・科目でどんな人が欲しいのか、候補のおもな履歴・業績から始め、なぜこの人がふさわしいのかなど、概略を説明する。説明時間は５分～10分程度と決められていたり、慣行でおおよそ決まっていたりするだろうが、長すぎると問題視されるだろう。専門外の教員も多いので、できる限り、わかりやすく、候補者の良い点に焦点を当てた簡潔な説明が求められよう。

投票が１回だけでも２回でも主査も副査も、候補の主要業績を少なくとも３本以上は、きちんと読んでいる。現物に付箋《ふせん》をつけたり、疑問点を書き込んだり、時には引用されている原典にあたってみたりと、かなりの時間をかけて、じっくりと吟味する。候補としては、投票の前に学術的な観点からの質問を受けるかもしれないし、その受け答えもチェックされている。社会活動を含む学術的貢献に加えて、教育や雑務面などでの期待できることなどを、専門外の、しかし同じ大学院研究科や学部の研究プロたちにもわかる感じで、まとめて説明しなくてはならないので、主査にとってかなりの労力と時間が必要となる。

通常は無記名投票で決まる

小さな所帯だったり、理事会（長）の独裁的な私立大学だと、人事委員会が決めた人事に対して、教授会は全員一致でOKを出す場となる。しかし、国公立大学や教授会自治がある大学では、教授会での投票は無記名で実施され、出席メンバーの過半数の賛成か、3分の2以上の賛成が必要になる。

投票用紙には賛成（○）、反対（×）のほかに、白票（何も書かない）という投票行動も許されている。白票は賛成にカウントされないので、「消極的に反対する」という意思表示となる。先述したように、この段階で否決される時もある。場合によっては、1回目の投票はギリギリ賛成でいけたが、反対票や白票がかなり多いので、ムリだと判断して、2回目の投票を人事委員会が取り下げる場合もありえよう。

1回目で賛成票が多く、いけるとなると、次の教授会か、次の次の教授会で2回目の説明と投票が実施される。この間、主査・副査の義務は、念入りに候補者の業績を読み直し、報告するためのメモを作ることだ。

2回目の審査は、より詳細に業績を中心に実施されるので、業績の数や質のどこが優れているのか、なぜその職階にふさわしいのか、本学に来てからどんなことが期待できるのかなど、非専門家にもわかるよう、ポイントを絞ってまとめて説明する必要がある。その後、１回目と同じような投票に移り、カウントされた賛成票が規定からみて十分な場合は、採用内定となる。

その後のプロセスは大学により異なる。研究科や学部教授会が実質的に人事最終権を持っていて、評議会や理事会はそれを覆すことができない大学もあれば、教授会よりも上の組織での投票による承認が必要な所もあろう。いずれにせよ、採用が正式に決まれば、採用予定通知を本人に出すことができるし、他大学からの転任の場合は、「割愛願い《かつあいねがい》」をその大学宛てに出すことになる（文系の場合、「もらい受け」と言って、学部長やその他の役職者などが割愛願いを持って、採用予定者の大学に移籍認可のお願いに、直々にうかがう慣習すらある）。ここまで来れば他者に知られてもＯＫとなる。

以上見たように、教授会自治が守られている大学では、人事は私物化などできないし、教授会での投票がどうなるか、最後まで予断は許されない。「推薦する候補者に対しては責任があるし、自分の推している人事案件が否決された場合は、自殺の衝動に駆られる」という気持ちになっても、不思議ではない。実は、それほど気をつかうプロセスなのである。

退職予定教員と後任人事

ここで専任教員が退職して、そのポストを補充するための人事について考えてみたい。無論、ポストが余っても、同じ専門分野（専攻）や科目で埋めるとは限らない。

たとえば、次章で扱うロースクール・バブル騒動で見るように、ロースクール設置という至上命令（バスに乗り遅れるな！）を受けた時には、政治学などの科目を実定法に一時的に振り替えることも自然だ。が、一般的に述べると、大学という組織は前例重視であり、標準作業手続き（Standard Operating Procedure＝ＳＯＰ）にもとづいた準機械的な決定を好む。ただし、かつてこの国がそうであったように、「外圧（この場合、大学外からの要求、とくに文科省など）」が大きいと、それに対して早急に対応できる面もある。

突然の退職や定年退職によりポストに空きが生じた場合、後任を同じ専門分野（あるいは似たような専門分野）から採用すると仮定すると、いくつかのパターンが出てくる。

まずは、ある教員が来年度から別の大学に移籍するので、春学期（前期）中にポストが空いた場合を考えてみよう。時間的に、人事委員会等を立ち上げて、後任人事ができる状況なら、先述のプロセスが始まる。この時、大学によって移籍予定教員が人事に関わることができるか否かは異なるだろう。秋学期（後期）になってから。翌年度４月に移籍することがわかると、よほどのことがない限り、後任人事をスタートさせることは、時間的に難しくなる。翌年度から人事を開始するのがノーマルだし、移籍予定者が人事に関わることは不可能になろう。

定年退職の場合だと、人事計画そのものも立てやすい。遅くとも、退職予定日の10ヵ月前には後任人事を終えて、割愛願いやら採用通知を出すこともできる。

ただし、メジャーな国立大では、退職教員がいたら、そのポストを1年間わざと空けておき、退職予定教員とはまったく関係ナシに人事をする場合もあるようだ。反対に、有力国立大の有力教授が退職する際に、自分の弟子筋にあたる優秀な後任を選んでから、退職したという話も聞いた。これは各大学、各学部、あるいは各講座（研究室）によって、ルールやら暗黙の了解があろう。

なお、名誉教授は人事権を持っていないのが、国公立大のスタンダードである。ある語学系のθレベル地方国立大専任講師が、分野的に超大物の旧帝大名誉教授と、学会の懇親会でお酒を呑んで意気投合し、「イヤー、実に気に入った。君のような人材がうち（旧帝大）にゼヒ欲しい！」とまで言われて、「ヤッター！　ヤッター！　ヤッターマン！　これで、旧帝大に移れる!!」と喜んだのもつかの間、その後、よく考えたり、いろいろと聞いてみたりすると、その大物名誉教授にはまったく人事権がなくて、あくまでもお酒の席のおふざけ話で終わったという。まあ、そういう人生もあろう。

私学の場合も千差万別ではある。しかし、国公立大と比べるとST（教員―学生）比が悪いために、ポストを1年以上も空けておく余裕のある所は少ないので、補充人事は国公立大よりも早めに行われる傾向がある。

この場合もいくつかのケースがある。すなわち、退職予定者は教授会での出席と投票以外には、人事に関わることができないケース、主査あるいは副査になることも認められ、かなり影響力を行使できるケース、その中間で、主査・副査から成り立つ人事委員会に入ることはできないものの、退職予定者の「意見を仰ぐことができる」という形で、ある程度関与できるケースに分かれている。

大学は失敗から学ぶ場所でもある。後任人事に退職予定教員が積極的に口出しできる（「オレの後釜はオレに決めさせろ！」）のが「伝統」だった所でも、「口出し」の結果、後任の教員がすごいトラブルメーカーで、犯罪やらそれに近い不祥事を起こした場合は、そのような「伝統」もやめようねということになる。また、大学の学閥が強い所では、×××大学（院）から採用してみたら、その後の業績やら教育やら雑務処理面で、すごーく期待はずれだったというような時には、あえてその×××大学（院）出身者採用は、今後やめようねということも、十分ありうる。

第2章 コネ、業績、人間性——合否の決め手は何か？

法律が規定する大学教員の条件とは？

本章では、大学専任教員になるためのより具体的な条件やスペックについてまとめてみた。

まず公式上の話から始めよう。幼稚園・保育所、そして小・中・高の教員と異なり、大学専任教員は教員免許が必要ない唯一の市場だと言われて久しい。しかし、実態は、大学専任教員になるには、そもそも法律上規定されたいくつかの条件があり、初等・中等教育教諭よりもはるかに難しい面がある。文系の専任教員について、正式な条件面を考察してみよう。

大学設置基準第十四条によると、大学（学部）教授の資格については、以下のように記されている。法文なので若干堅苦しいが、ガマンして読んでいただきたい。

第十四条　教授となることのできる者は、次の各号のいずれかに該当し、かつ、大学における教育を担当するにふさわしい教育上の能力を有すると認められる者とする。

一　博士の学位（外国において授与されたこれに相当する学位を含む。）を有し、研究上の業績を有する者

二　研究上の業績が前号の者に準ずると認められる者

三　学位規則（昭和二十八年文部省令第九号）第五条の二に規定する専門職学位（外国において授与されたこれに相当する学位を含む。）を有し、当該専門職学位の専攻分野に関する実務上の業績を有する者

四　大学において教授、准教授又は専任の講師の経歴（外国におけるこれらに相当する教員としての経歴を含む。）のある者

五　芸術、体育等については、特殊な技能に秀でていると認められる者

六　専攻分野について、特に優れた知識及び経験を有すると認められる者

このように教授が最も資格面で厳しく、准教授の資格を定めた第15条になると、ゆるくなる。

> 第十五条　准教授となることのできる者は、次の各号のいずれかに該当し、かつ、大学における教育を担当するにふさわしい教育上の能力を有すると認められる者とする。
> 一　前条各号（第十四条：教授となることのできる者）のいずれかに該当する者
> 二　大学において助教又はこれに準ずる職員としての経歴（外国におけるこれらに相当する職員としての経歴を含む。）のある者
> 三　修士の学位又は学位規則第五条の二に規定する専門職学位（外国において授与されたこれらに相当する学位を含む。）を有する者
> 四　研究所、試験所、調査所等に在職し、研究上の業績を有する者
> 五　専攻分野について、優れた知識及び経験を有すると認められる者

さらに、（専任）講師レベルだとやはり資格はかなり一般的である。

第十六条　講師となることのできる者は、次の各号のいずれかに該当する者とする。

1　第十四条又は前条に規定する教授又は准教授となることのできる者

2　その他特殊な専攻分野について、大学における教育を担当するにふさわしい教育上の能力を有すると認められる者

このように、一般社会人でも分野によっては、十分大学教員になれるのがおわかりいただけたかと思う。まさに資格らしい資格が正式に要《い》らないのは、大学教員だけだと言われる所以《ゆえん》でもある。

博士号なんか要らない？

その反面、芸術・体育などの特殊技能分野や実定法・経営学などの実務分野を除くと、欧米では、博士号（Ph.D.）取得は専任教員の必須条件となっている。オーストラリアやNZでは、英国大学の伝統もあり、90年代半ばくらいまでは、博士号は持っていないが、それな

りの研究業績を持っている専任教員がまだまだいた。しかし、今やそのような教員は数少ない。大学のアメリカ化が進展し、ごく少数の大学以外は、博士号はいわば「パスポート」、あるいは「運転免許証」のような扱いになっている。

日本の文系大学院の場合、博士号は、40歳を過ぎた教員が20年もの蓄積をもとにして仕上げたライフワークに対して、論文博士（乙種博士）という形で授与されるものが多かった。大学院博士課程を終えた院生が論文を提出して、いわゆる課程博士（甲種博士）を取得するのはまれな状態が戦後長く続いたようだ。[17]

曰《いわ》く、「博士課程のあいだに学位論文を提出するということは、少なくとも人文社会系の大学院では、無謀なことであったようである」。曰く、「一部理系の大学院を除き、博士号というのはなかなかもらえないしくみになっている。とくに文科系の博士課程では、博士論文はいちおう提出するものの審査保留のまま、必要単位を取得すれば満期修了というかたちで、大学院から追い出されるというのが実状だ」。以上の引用文は１９５０年代終わりと80年代終わりのモノであるが、しばらくそのような状態が続いたのである。

ルールが変わった！

１９９１年には学位規則が改正され、博士号の種類が増えた。それまでは、文学博士とひとまとめだったのが、博士（文学）とか博士（言語学）のように、より細かな専攻分野を記した（　）付きの博士号となったのである。さらに、大学院博士課程拡充と留学生の大幅受け入れ、そしてそれらにともなう課程博士号授与の増加により、一般的には現在では「博士号の理系化」が進んでいる。理系分野では、昔から博士号は課程博士であれ、論文博士であれ、研究者としては持っていて当たり前であった。言い古されているが、博士号の別名「足の裏の米粒」。そのココロは、「取っても食えないが、取らないと気持ち悪い」。

結論的にいうと、**現在では、文系でも博士号を持っていないと就職に不利になる分野が増えている**。文化人類学では、１９５０年前後生まれの学者からは博士号取得が必要になっているとの指摘もある。[18] 北米の大学では、厳密に専任教員の中で博士号保持者の割合を計算して、それが総合的な大学ランキングの指標となっている。[19] 日本の大学ランキングでも、博士号取得者の割合を重視するものもある。[20]

無論、博士号に相応する学術的単著（本）があると、内容によっては博士号以上に評価されることもあろう。実際、東大・京大の何人かの先生の場合、あえて博士号を取得しないも

の の、学会や社会で高く評価された学術的単著を何冊も出しておられる方もいる。その反面、とくに課程博士論文は、玉石混淆《ぎょくせきこんこう》状態にあるかもしれない。内容的にも、分量的にも、授与した大学でしか通用しない論文もあろう。以上の「例外」は認めつつも、グローバル・スタンダードからすると、やはり学位（degree）は学位であり、Dr.《ドクター》か否かの差は大きいといえよう。ひとつ付け加えると、出版事情が厳しくても、優秀な課程博士論文は概してその後加筆され、出版されたり、学会での書評による確かな評価を受けたりしている。

さてここで、筆者自身の哀しい経験を披露しよう。

フェローシップをもらい、NZの大学付属研究所で、90年代半ばに研究員として1年間働いた。当時は徳島大に勤務していたが、1年間お休みをいただき、家族連れでの滞在となった。NZでは日本を取り巻く安全保障問題などをジックリ考えつつ、英語での学会発表やら論文執筆などを経験でき、とても良い機会となった。

ところが、当時のNZの大学では、若手の教員は欧米、オーストラリア、NZでのPh.D.保持者が主流となりつつあった。また、NZは英国大学からの伝統で、教授というのは1学部につき2名くらいで、あとは、助教授（あるいはリーダー）やシニア・レクチャラー（上級専任講師）、レクチャラーが中心である。一応助教授（現・准教授）の肩書きを持って、日本からやってきた筆者がいろいろな会議などに出席するたびに、「お前はどこで博士号を取ったのか？」「博士号はどうしたんだ？」などと聞かれ、まだ取得していない旨と、日本の文系大学では、（助）教授になるよりも博士号を取得するほうが難しいという当時の特殊事情を説明するのに冷や汗モノだった（その後、海外の助成金共同研究でお世話になった先生に主査になっていただき、論文博士号を取ったので、一応、メデタシ、メデタシだが）。

一般社会人から大学教授への道

通常の公募などで、社会人が大学院修了者などの研究者（予備軍）と競う場合、大学によっては、学位の有無で不利になりかねない。その一方で社会人でも、最低限の保険として修士号の学位を持っていると、就活にはかなり有利になるだろう。しかし、社会人のライバルとなる優秀な大学人は、博士号を持っていたり、あるいは大学教員になってからだいたい5年以内に博士号（おもに乙種の論文博士）を取得したり、それに相当する学術的単著本を刊行したりしている。

千葉大の松野弘氏によると、[21] 社会経験があるだけで実務教員枠の専任教員になるケースは、欧米の大学ではほとんどない。さらに、「社会経験をもとにした経験談や当該業界の話をしていような社会人型の教員」の授業は、学生からも「相対的に評価が低いと聞いている」とのこと。

さらに、松野弘氏は、今後の社会人（出身）大学専任教授の条件を6項目にまとめている。研究中心大学を念頭に置いているためか、これは若干厳しい条件になっている。そこで、この条件を一部筆者なりに改訂してみた。これらのうち、3項目を満たしていると、公募で文系大学教員市場に打って出ても、採用の可能性が高まるのは間違いない。

①社会経験（企業経験／行政経験、NPO／NGO活動経験）が10年以上あること。
②大学院で教育・研究経験があり、学位（博士号）を取得していること。
③日本もしくは外国、あるいは国際的な学会（研究会、研究団体）に所属していること。
④分野にもよるが、日本語の学術的な著作（共著）、単著論文がだいたい10～20本以上あること。論文は査読の付いていない紀要論文レベルであり、著作は原則として脚注の付いた学術的著作の1章以上の執筆を指す。それに加えて、国際的な評価が必要な分野では、査読付きの国際的研究誌に英語等の外国語による学術論文を3本以上発表していること。

⑤外国の大学・大学院などで教育・研究経験があること（専任教員、客員教員など）。
⑥研究成果が社会に貢献されるべく、官民の審議会・委員会などの委員ないしアドバイザーになったことがあること。

社会人と「研究業績」の関係は？

以上の条件は、（まさに、松野氏の勤務先である千葉大など）あくまでもαないしβレベルの研究中心大学での採用人事なら該当するような条件だ。全国にある750校の大学はそれぞれの事情に応じて、どんな人材が欲しいのか、違いは多々あろう。大学によっては、より教育に力を入れる所もあるだろうし、社会人教員の経験、見識、能力に大いに期待して、社会人採用を優先する大学・学部・学科・講座（研究室）もあろう。実際、83年には28％だった社会人教員比率が、07年には37％にまで増えている。

ここで一般のビジネス・パーソンにとって難しいのは、松野基準での②、③、④、⑤あたりかと推察する。学位については、修士号だけでも、分野（たとえば、博士号がなかなか出にくい法学など）によっては評価される。学位よりも、たとえば、弁護士資格、税理士資格、看護師資格、小・中・高校での教員資格などの資格がモノを言ったり、経験が高く評価されたりする場合もある。あるいは、社会人教員の持つ広報力や営業力（学生や保護者、社会人を惹きつける力）が欲しい時もあろう。その場合は、②よりも①が採用の要因となる。

社会人を教員として採用する際には、研究者用の基準とは異なる基準を、適用させる場合も多い。それは、社会人教員への期待が研究者教員とは異なるからであろう。

社会人の場合、業績については、学術的単著や紀要論文がなくても、一般書を発刊していると評価されうる。[22]また共著（１章以上を分担執筆）という形での書籍、新聞・雑誌などへの寄稿、あるいは報告書なども評価の対象となる。そのために、政治・経済・社会に関連する分野での大学教員になる際には、ジャーナリストで特派員経験などがあり、多くの新聞記事を書いているとか、シンクタンク等勤務で多くの報告書をまとめてきたという「業績」はキチンと評価される。

要するに、「**一国一城の主」的色彩の濃い、文系大学教員の研究業績評価はなんといっても、「論文・本・報告書などがどのくらい書けるか」ということにある。**そこでは理系と違って、共同執筆よりも単著とか単独での研究が圧倒的に多い。そのために、大学教員になっても、（必ずしも学術論文だけでなくても）自分の研究成果を単独でまとめられるという能力を示せれば、ポイントはグンと高まるのだ。

大学によっては、伝統的大学人が〝不得意としている分野〟（さまざまな社会活動、宣伝広報活動、講演会・シンポジウムなどの企画運営、就活指導など）について、社会人出身者に期待を寄せているかもしれない。とくに昨今の不況を背景にどこの大学も、キャリアセンターや就職課を中心に就職率アップに躍起になっているし、就職決定率の高低が大学評価に直結している。

この分野などはビジネス・パーソンを中心とした社会人の独壇場だろう。大学→大学院を経て、ビジネス界などを知らずに大学専任教員になった者は、就活情報についてはまったく無知であることが通常だ。むしろ、ビジネスシーンではサバイブできそうにないから、大学業界に入った者も多いだろう（かくいう著者も、8ヵ月で見切りをつけて大手銀行を辞めている。が、その銀行も後《のち》に破綻《はたん》したので、結果オーライであるが）。会社での経験や人的ネットワークなどを駆使して、就職担当関連の雑務をこなせるようになれば、喜ばれることが多々ある。

また、社会人が大学教員になる場合は、単なる自分の経験談ではなく、これまでの蓄積を教育・研究面で一般化（場合によっては理論化）して、わかりやすく講義できると良いだろう。分野によっては、大学よりもビジネス界や官公庁のほうが研究やら実践での応用が進んでいるために、大学側が社会人を招聘《しょうへい》したいケースもある。[23] さらに、何らかの学会に入っていて、そこでの活動経験、あるいは社会的団体によるシンポジウム・講演会などの経験もあると、すんなりと専任教員としてもやっていけるだろう。

その反面、大学とその他の社会集団では、事情が異なることも多い。「郷に入《い》っては、郷に従え」の諺《ことわざ》のように、大学業界特有の政策決定様式・しきたり・風潮などを熟知し、それに慣れ、なおかつ外部からの視点で、あまりにも非合理的な慣習などをほかの教員と一致団結して変えることができるようなフレキシブルな人材なら、どこの大学でも大歓迎されるだろう。

以下に、社会人から大学教員になった２人の採用人事について、見てみよう。

採用ポイント２　職場でトップクラスの出世

退職時までずっとひとつの職場に勤務してから、請われて大学教授に転じたＤ氏の実例を見てみよう。Ｄ氏はβレベル大学で経営学などを学び、そのままある大手の政府系外郭団体に入った。そこはシンクタンク的機能も備え、海外勤務なども日常茶飯事な国際的な財団法人（現・独立行政法人）である。

　D氏は北米に約12年間滞在するなど海外勤務経験を重ねるとともに、外部シンクタンクに出向して勤めるなど、さまざまな部署を渡り歩くことにも成功し、最後には理事の役職までのぼりつめる。そこでは理事長や副理事長クラスは、所轄の省から来るキャリア官僚経験者などがおもに就任するために、プロパーの職員としてはトップクラスの出世であった。D氏が組織人としてもきわめて人望があり、優秀な人材だった証《あかし》でもある。その間、英語を独学で身に付けたり、大学の非常勤講師として国際政治経済論などを教えたり、研究者と共著を執筆するなど、さまざまな形で学究的な面にも関わってきた。

　D氏の鋭い所は、折を見て母校であるβレベル大学を訪問して、つながりを大事にした点である。トップレベルの教員やキーパーソンのような教員とも親交を重ねたり、母校のために人を呼ぶなど、いろいろなことで貢献してきた。

　その母校で新設学部をたちあげる話が持ち上がった時に、大学教授になるチャンスが到来した。学部長予定者やほかの重要な教員の推薦を受けて、社会人教授としてのD氏の有益さが設置委員会でも認められた。前述の松野弘基準（79〜80頁）に従うと、D氏の場合は、学位は学士のみであったものの、①、⑤、⑥が完全に該当するような実務家としての多種多様な経験を持っていた。また、④についても、十分なモノがあった。大学人ともつきあいがあったために、本業での報告書執筆などに加えて、国際関係分野などでも、２冊の単著（一般書）や数本の学術論文や学術的共著（１章を単独執筆）があったことも高く評価された。

こうして、２０００年代後半に、60歳を超えて、勤務先での定年とほぼ同時に、母校の新設学部教授として、Ｄ氏は迎えられることになった。第二の人生を歩むＤ氏は、母校の広報宣伝活動や教育分野などでも、通常の大学教員では難しいコネを十分活用しつつ、八面六臂《はちめんろっぴ》の活躍をしているそうだ。今後は研究面でもこれまでの成果のまとめなど大いに期待できよう。

採用ポイント３　経営実務＋資格＋修士号

経営実務の経験がある社会人が大学で経営学を教えるという話はよく聞くし、実録もある。たとえば、白石拓氏による『サラリーマンから大学教授になる！方法』（宝島社、

２００３年）には、中京大学経営学部助教授（現・教授）の吉田康英氏への取材が手際よくまとめられている。[24]

早稲田大在学中に公認会計士第二次試験に合格した優秀な吉田康英氏は、三井銀行（現・三井住友銀行）に入行し、総合企画部などに配属。15年間の銀行勤務時代に、公認会計士の第三次試験に合格し、晴れて公認会計士となる一方で筑波大の夜間大学院修士課程で学び、企業法学分野で修士号を取得している。

さらに、ニューヨークの会計事務所に出向中には、６本の論文も作成しているし、その後、カリフォルニア州の米国公認会計士資格も得ている。

２年間の勤務後、帰国して、銀行に復帰した吉田氏は、専門誌に掲載された中京大経営学部の公募に応じた。面接でも、主査・副査合計３人の専任教員から良い反応を得て、教授会も通り、96年４月には35歳にして助教授に転じている。その後、名古屋大の大学院博士課程にも入学し、03年には金融商品会計に関する論文で、同大学から博士（経済学）の学位を得るなど、順調な大学教師生活を送っているようである。

採用する側から見ると、吉田康英氏は、経営実務、日米での公認会計士資格、それに修士号をうまく組み合わせて、大学業界に進出したと評価できる。先に示した松野弘氏的基準でも軽々と①、③、④、⑤をクリアしている。そもそもが実学的色彩の濃い経営・会計学分野で、資格や経験のみならず、学位と学術論文を作成できたことが、ポイントだろう。

博士号を取得する方法

次に、②の学位基準が重視される、従来の伝統的研究中心大学に話を転じる。

②については、いくつかの方法が考えられよう。まず、知り合いやコネをたどって学会に入る。そこで、③に該当するような学術論文を４～５本くらい発表・執筆し、それらを合わせてまとめ、さらに大学院博士課程で指導教授になる資格を持つ知り合いの先生にお願いして、論文博士号を取得する方法がある。さらには、都市部在住者ならば、社会人入試を積極的に実施している大学院博士課程に入って、３年程度で課程博士号を取得することもできる。

まず論文博士号（乙種博士）について説明しよう。これは、日本の大学院独特の制度である。大学院博士課程修了者並みの研究業績を持つ研究者の学術的単著論文（通常は出版物）に対して、学位を授与する仕組みである。

ある大学院に対し、唐突に博士論文を提出しても、学位はもらえない。まずは博士論文を審査してくれる主査の教授がいなければならない。主査になってもらうには、①学会や研究会で懇意になる、②共同研究などを通じて知り合いとなる、③（現職教員の場合）自分の勤務校や（社会人なら）学部出身校にツテをたどって提出する方法が考えられよう。

主査に認められ、なおかつ2人以上の副査に非公式にでも賛成を得られた後、学内の委員会での議題になったり、正式な審査に移ったりする。

論文博士号を取るには、いろいろな条件が決まっている。たとえば、専門科目の筆記試験と語学の筆記試験の両方あるいはどちらかを受けなくてはならない大学院もある。提出した博士論文以外に何らかの公刊された学術論文（たとえば、複数の紀要レベルの単著学術論文）が必要となる場合もある。

さらに、非常勤講師として3年間教えたなどの教育歴も評価される。形式的な審査を終えると、口頭試問あるいは研究会という形での発表会が開催され、主査・副査およびその他の教員や院生などの前で、自分の論文を〝ディフェンス〟しなくてはならない。その後、大学院研究科委員会での無記名投票により（人事案件と似ていて、過半数の賛成とか3分の2以上の賛成とかで）、学位が授与されるかどうかが決まる。

業績を積み重ねることが大切

次に課程博士号について説明しよう。博士号を取得した論文は立派な業績となる。これは研究業績書にも記すことができるし、普通は数本の紀要論文以上の評価を受ける。

課程博士論文の〝出来〟があまり良くなくても、がっかりせずに、ともかく次に進んで論文を書いていくことが重要だ。たとえば、国際政治学者として著名なロバート・Ｏ・コヘイン（Robert O. Keohane）プリンストン大教授が、ハーバード大から博士号を取得した博士論文は、せいぜい〝凡庸（mediocre）な出来〟であったと自認している。そのために、博士号を単著のモノグラフとして出版することはせず、学術論文２本の発行に抑えたそうだ。その理由は、父親がリベラル・アーツ系（学部教養教育中心）大学の教授だったものの、博士号を持っていないことで苦労した姿を見てきたからだ。自分は、とにもかくにもまずは博士号を取らなくてはならないという衝動に駆られて、完成を最優先したようだ。本人は〝凡庸〟と言ってはいるが、飛び級の恩恵を受け、24歳（！）での博士号取得なので、優秀であることには間違いない。[25]

その次にポイントとなるのは、脚注のキチンと付いた、オリジナルな学術論文の数と質だろう。これも、著名な英文の国際誌それもインパクト・ファクター（ＩＦ）の高いレフェリー（査読）付きジャーナル（学術雑誌）に論文がアクセプト（掲載）されるのが最重要な分野（たとえば近代経済学）もあれば、英文で論文を書くのはまれで、あくまでも邦語の学術的単著（本）が最も高く評価される分野（たとえば実定法）もある。

グローバル・スタンダードな分野で競争している理系的要素が強い分野になればなるほど、邦語の学術書よりもＩＦの高い英文学術誌への寄稿が高く評価される。一例として筆者もよく知っている国際政治学分野だと、理論的な研究ジャーナルとして、*American Political Science Review, International Studies Quarterly, International Organization, World Politics, International Security, Review of International Political Economy* あたりが超一流雑誌だと評価されている。[26] 邦語なら『国際政治』『国際安全保障』『平和研究』『年報政治学』『日本比較政治学会年報』『公共政策研究』などの学会誌に加えて、『レヴァイアサン』『日本政治研究』の評価が高いだろう。

論文にはどの程度の質と量が求められるのか？

このような雑誌では、査読《レフェリー》制度が確立している。つまり、複数の匿名査読者の peer review（同分野の専門家による論文などの評価）により、「そのままアクセプト（学術誌に掲載予定になること）」「修正の上でアクセプト」「アクセプト不可」などの基準がはっきりしている。それに比べると、日本の大学の紀要や小さな仲間内だけのサークルで出している雑誌は、評価が低くなってしまうのは仕方ない。書けば載るモノもあり、これらはレフェリー付き論文に比して玉石混淆だからだ。

論文などの質をどう鑑定・評価するかについては、大学・学部・学科・研究室（講座）、さらには分野ごとの細かい取り決めや了解事項があるだろう。

新規採用の場合、極端なケースでは、たとえば単独の学術的著作（書籍）が10点、単独の編著作が７点、複数共編者による著作５点、共著４点、学会論文（レフェリー付き論文）３点、紀要論文１点などと数値化されていることもありえよう。[27] このように点数を付けた場合、教授として採用されるのならば、どのくらいの点数が必要だろうか？　ひとつの指標として、たとえば政治学分野では最低15点以上と言ってよい。すなわち、紀要論文にして、少なくとも15本程度の論文は必須ということだ。レフェリー付き論文のみなら５本。学術的単著が１冊あるのなら、レフェリー付き論文１本と紀要論文２本以上というように、業績全体の合計での点数が大事になる。

筆者の知りえた最も難しい教授採用・昇格例だと、博士号に加えて単独の学術的著作１冊以上がないと、どんなに多くの紀要論文や他のレフェリー付き論文があっても、教授になれないという内規があった[28]。この基準に到達するには、修士課程に入学してから20年以上要することになり、文系ではかなりきつい。

他方、ラクな部類では、准教授になってから、教授に昇格するのに、単著紀要論文が最低8本以上、あるいは厳格なレフェリー付き学術雑誌論文が3本以上、組み合わせとしては、単著紀要論文が2本以上と単著レフェリー付き論文が2本以上という例を知っている。そこでは、准教授になるのに単著紀要論文が4本以上（単著レフェリー付き論文なら1本以上）なので、単著紀要論文のみで教授になるには累計最低限12本以上必要という計算になる。

ところで、論文に関して、もうひとつ付言しよう。とくに文系にとって重要な点は、日本語と英語の両方でまとめておくとベターだということだ。

日本の大学で国際政治学教員の公募が出た場合、応募者がスペインの外交政策についてスペイン語で書いた論文でどんなに評価されていても、**採用側にそれをきちんと読みこなせる教員がいないと、正当に評価されないという悲劇が起こりうる**。採用側からすると、日本の大学で日本語による講義をお願いするのだから、日本語能力も必須であり、スペイン外交であろうが何であろうが、まずは日本語による業績が必要になるというワケだ。次に重要な言語は通常、英語となる。

まずは非常勤講師からスタートする

鷲田小彌太氏の『大学教授になる方法』にもあるように、文系では大学の非常勤講師になるのは、専任教員になるのに比べると、そう難しいことではない。ただし、非常勤講師は、専任教員とのコネやツテをたどって決まるケースがほとんどだ。社会人、院生、あるいはオーバードクターなら、学会の懇親会などを通じて、「まずは非常勤講師の職がないかどうか」を専任教員に話しかけてみると良いと思う。

「採用ポイント1」のH氏で見たように、非常勤講師での実績しだいで、そのまま専任教員に登用される道があるので、おろそかに勤めるべきではない。また採用サイドとしても、非常勤講師として、まずは「お試し」で授業を担当してもらい、学生の評判やら授業評価も考えて、「これはいける！」となったら、「一本釣り」するとか、あるいは公募時にも、最有力候補として処遇することもある。

たとえば、旺盛《おうせい》な執筆活動をしている大阪府立大の堀江珠喜教授も、神戸大で博士号取得後、オーバードクターの1年間の研究員を終えた時に、それまで非常勤講師として教えていた女子大に専任講師として採用されたと回顧している。[29] 女子大の仕事は、修士課程を終えてからすぐにコネで紹介されたというから、まだまだ余裕のある時代だったということも実状だろうが。

筆者自身も、短大勤務時代に、給与はきわめて低いものの、本務校よりもレベルが高い別の短大の非常勤講師をするチャンスがあった。本務校では教えたことがない、一般教養レベルの「政治学概論」を担当して教歴を得ることができた。それればかりか、そこで知り合いになった元ジャーナリストの専任教員からは、地元のラジオ局のコメンテーターの仕事をご紹介いただいた（いまなお月1回のペースで続けており、18年目になる）。コネを活かして「逃すなチャンスを！」の精神は大事である。

採用ポイント4　中・長期的計画で、業績をつくる

ビジネス・パーソンの中には、仕事（本業）をしつつ、業績を積み重ねることは難しいと感じる方もおられるであろう。ひとつのやり方は5年とか8年とか、比較的長い期間をかけて、計画的に実行していくことだ。この点で、永井昇氏が、『あなたも大学教授になれる』（中央公論事業出版、2011年、140〜149頁）で、体験にもとづ

くいくつかのノウハウを披露している。

永井昇氏は慶應義塾大商学部を出た後、全日空に就職したものの、在学中にアメリカに滞在したのをきっかけに、アメリカの大学院に留学することを目標に定めた。数年間の勤務を終えて、退社後、コロンビア大を経て、カリフォルニア大ロサンゼルス校（UCLA）にて、MBAを取得。その後、日本に帰国し、最後には、日本航空に28年間勤務することになる。

元々学究的なことに関心のある氏の転機は、40代後半に訪れた。本社管理部門で業務をこなしていたが、仕事のマンネリ化や人事関係でも不満を感じるようになる。そして、1990年、日本観光学会に入会。これまでにも、海外出張を利用して、欧米の観光学関係の本を集めていたものの、この時から、大学専任教員をめざして観光や交通の研究を独自に始めた。

永井氏の立派なところは、学会誌などに論文を掲載するノルマを自分に課し、年に2回の研究発表と学会誌への論文掲載を心がけた点。実際、大学に転身する前の8年間で、ノルマ以上の20本の論文（共著含む）を書いたとのこと。

またこの間、社内ではあえて研究調査部門に移ったほか、平日夜間の授業である「航空輸送論」を東洋大学短期大学観光学科で非常勤講師として教え始める。

最終的には、98年、57歳にして、学会で知り合った複数の大学教授によるコネを利用し、数年後に新設される国際地域学部の要員としてまずは、この東洋大学短期大学に教授として転身したのである。01年からは東洋大の教授、05年からは大学院修士課程（国際地域研究科）の教授となり、国際観光交通論、サービス産業論、異文化交流論などを教えたようである。

永井氏の研究意欲は還暦を過ぎても衰えず、03年には千葉商科大の大学院政策研究科博士課程に入学し、アメリカの低コスト航空企業に関する博士論文を提出し、06年3月には64歳にして博士号も取得している。その後、65歳で東洋大学を定年で辞めてからも、フェリス女学院大などで非常勤講師などを継続しているとのこと。

学会に入会してから、うまく大学業界とのつながりを作り、非常勤講師や本務のビジネス業務をしながらも、自分の得意分野を開発し、業績を着実に積み重ねた「志」と粘りの勝利だろう。

著名海外大学 Ph.D. 組はすごい

どのような形であれ、博士号取得者は、取得していない者よりも最初から良いスペックを持っている。とくに、（近代）経済学・経営学（会計学含む）・政治学などの分野によっては、海外の有力大学で Ph.D. を取得することが、きわめて高く評価されている。極端な例では、日本の大学院でチマチマ研究をやっているよりは、discipline（学術研究分野）面で、日本よりもはるかに進んだ教授、図書館、施設を持つ海外有名大学院に留学して、Ph.D. を取ってくるほうが、ポスト獲得につながることもあろう。いわば「凱旋《がいせん》帰国」である。

実際、１９９０年以降の日本国際政治学会理事長（国際政治学者としては国内トップ）11名のうち、７名が海外 Ph.D. 組である。出身大学は、イェール大２人とマサチューセッツ工科大（ＭＩＴ）２人のほかに、シカゴ大、ミシガン大、プリンストン大と、そうそうたるものだ。これらを含むアメリカの有名校で Ph.D. を取得した場合、大学専任教員への道はグッと近くなるし、あるいは国際機関で働くとか、シンクタンクなど他の知的職業に就く可能性も高まる。筆者も、何人かの海外 Ph.D. 取得者を個人的によく知っているが、誰もが「超優秀」であるために、学会（学界）あるいはいろんな業界で最先端を行く研究者になっているケースが多い。

採用ポイント5　海外Ph.D.で道を拓いた

Y氏は、日本の大学院ではできないことを海外大学院Ph.D.組に転じることで成し遂げた好例だろう。Y氏はまだ30代半ばの若手社会学者である。学部時代から大学への就職を考えていたが、父親が大学教員だったこともあり、その就職面での厳しさ、とくに最初の専任職に就くことの大変さも十分見聞していた。こうして、都市部のαレベル有力大学を出たY氏は、父親のアドバイスもあり、まずは故郷近くの大手基幹企業にUターン就職。しかし、学問の道への思い絶ち難く、夜間大学院を利用して、3年間の会社生活中に地元のZレベルの大学院修士課程で修士号を取得した。

どうしても研究者の道に進みたかったY氏は、悩んだ末に、その大学院の博士課程に進むことを決意。最初はあまり賛成していなかった父親も最後は折れて、協力してくれるようになったそうだ。大学院博士課程には、その後2年間在籍した。しかし、Y氏の専門分野は、そこの大学院で博士号を取っても、なかなか就職できる分野ではなかったことを徐々に知っていく。

そこでＹ氏が考えたのは、オーストラリアの大学院の博士課程に入り直すことであった。オーストラリアの大学院の博士課程に、20代後半で行くことにはいくつかのメリットがあった。まず、その大学院がオーストラリアではメジャーな、いわばαレベルだったこと。また、５年くらいかけてPh.D.を取ったら、少なくともオーストラリアで、大学非常勤講師に就くこともありえた。オーストラリアは、社会保障制度などもしっかりしているために、大学の非常勤講師でも家族４人（妻と子供が２人いた）がどうにか食べていける感じであった。英語力が身に付くというのも大きなメリットだった。無論、博士課程での学習をこなしつつも、日本の大学で良いポストがあれば、応募する準備もできていた。

こうして、着実にレフェリー付き論文や共著本などを発表しつつ、ドクター論文完成に向けて、オーストラリアの大学院で研究をしていたＹ氏だが、いくつかの教員公募などにも出し続けていた。社会学分野での公募は約30倍になるといわれているが、ひょんなことからチャンスがめぐってくる。βレベルの都市部大学が、英語科目も担当できる国際理解分野の専任教員を大学内レベルで公募することを知ったのである。

Ｙ氏の専門が、オーストラリアでの異文化理解や日本人論とも関連していたために、この公募はうまくマッチした。Y氏に情報を伝えてくれたのは、そのβレベルの大学に勤務していた先生であるが、彼はY氏の知り合いの先生の、そのまた知り合いに過ぎなかった。応募先の大学の人事委員会にはまったく知己がおらず、Y氏にとっては「純粋公募」での応募となった。

Y氏は「ムードメーカー」という形容詞がピッタリな明るい性格である。さらに、オーストラリアでも多くの人と知り合えるフィールドワークを実施していたために、日本語でも英語でもコミュニケーションを取ることがうまく、物怖《ものお》じもしない。そのような積極性が面接でもきわめて高く評価されたのであろう。英語で専門科目を教えることができるメリットもプラスになった。年齢からみても十分なレフェリー付き論文を持っていたY氏は、晴れてこの大学に専任講師として採用された。

その後、順調にPh.D.も取得し、年に3本もの質の高い論文を書くなど、今後学会でも大いに期待される若手となっている。

海外Ph.D.組の落とし穴

このように、海外Ph.D.組は概して優秀ではある。が、人によっては問題がないとは限らない。やはり、日本の雇用慣行には、それなりの〝常識〟があるので、それを守らないとイタいケースにつながる。以下の話は、某大学で実際に起きたことにもとづいている。

ある大学で公募で専任教員（准教授ないし教授）を募集することになり、主要業績3点を各3部（コピーも可で）提出させることになっていた。ふたを開けてみたら、1人のかなり優秀そうな海外著名大学Ph.D.保持者は、自分の博士論文（ハードコピー）に代えて、なんとUSBメモリーを1本入れてきたとのこと！

そうか、USBメモリーで読め！　ということなんだ。そんなにすごいんだ。でも本学にはそういう人は要らないよね。これだけだと読めないよね。雑務逃げそう。そもそもこの候補者は書類不備だよね……等々、採用側からすると、悪評紛々《ふんぷん》。書類選考で即座に落としたようだ。USBメモリーだけを送るというのは、ある意味合理的かもしれないが、海外の大学ならともかく日本の大学では、公募条件にそれが「可」と指定されていない限り、落とされても仕方ないだろう。

もうひとつあえて海外大Ph.D.組にアドバイスするとしたら、日本の大学と海外の大学の雑務の違いを認識すべきだということだ。第4章で詳述するが、今や日本の大学はどこも「改革」まっただ中で、一見不合理に見える（そして、時々、実際不合理な）学内行政・運営活動（雑務）が死ぬほど沢山ある。委員会やらワーキング・グループやら、打ち合わせと称する会議も数え切れない。委員会を減らすための委員会を立ち上げたが、減らせずにむしろ増えてしまったという、笑えない話もある。**雑務と教育だけで大学人としての一生を終えてしまった（！）研究者がいても不思議ではない。**

これに対して海外の大学は、雑務が比較的少ない。筆者の知っている例だと、トロント大政治学部（60名以上の北米最大数の専任政治学者を抱える）では、学部の専任教授会は、年に2回しかないとのこと。教務《カリキュラム》委員とか、大学院入試委員会の委員にならない限り、義務的な会議はきわめて少ない。

欧米の大学では入試業務も、事務員の管轄事項だ。英国で教鞭《きょうべん》を執っていたある経済学者が、関関同立レベルの大学に転職したものの、あまりにも日本の大学の実態（「雑務の嵐」）についていけず、半年で逃げていったという話も聞いた。

このように、日本の大学に就職したら、大なり小なり、必ずや雑務がついてまわる。そこでは、身体をこわすくらいの無茶苦茶な要求を断る権利は当然あるが、すべてにNOを言いはると大変なことになる。やはり長期的に見ると、雑務である役職や委員も何年かに1回は回ってくるし、そのような仕事を嫌がらずに、自分の相応分はこなせるという適応性は、今後もますます重要になってくるだろう。

採用ポイント6　アイビーリーグPh.D.を活かす

歴史学分野で登場願うのはR氏である。R氏はβレベル大学で政治史を学び、そのまま修士課程まで進学。恩師の薦めもあり、アイビーリーグ（アメリカ東部にある8つの名門私立大学の連盟）の大学の歴史学部でPh.D.取得をめざすことになった。以来、苦節十数年。とうとう念願のPh.D.の学位をアラフォーで取り、アメリカの大学でもassistant professorとして教え始めた。当時のカノジョがカナダ人ということもあり、R氏はこのまま北米の大学でテニュア（終身在職権）を取って、ずっと教えるのも悪くない選択だと感じていたという。

ところが、そこに阪神・淡路大震災が起こり、関西に実家があるR氏の家族も被災者となってしまった。とくに父親の心的外傷後ストレス障害（PTSD）もあり、R氏は帰国を余儀なくされた。しばらく関西で暮らすうちに、R氏は最終的に日本の大学で教鞭を執ることをめざすようになる。かつて修士課程に在籍していた時に知り合いとなった大物の先生に、研究会で再会した際に、良い就職先があったら紹介してもらえるようお願いしてみた。

やはり政治史の分野でも、海外Ph.D.組は強い。R氏の場合、英仏独語に堪能で、一次史料を駆使した本格的な歴史家であり、英語での授業もお手の物だった。先の大物の先生が、都市部Zレベルだが、高給で有名な私学への就職話を持ってきてくれた。こうして、1998年にその大学で助教授として教えることになった。

R氏の優れた点は、アメリカの大学で教えた経験があるにもかかわらず、日本の大学事情も知悉《ちしつ》していたことだった。雑務漬けと言ってよいその私学でも、R氏はうまく行政手腕を発揮すると同時に、業績面でも着実な成果を挙げた。さらに、学生時代のゼミの後輩のコネで、βレベル大学が教員を求めていた時に推薦を受けた。実は、βレベル大学が公募で国際関係教員を募集したところ、最終候補者がいずれも甲乙つけ難く、意見が割れて流すことになり、急遽人事委員会を立ち上げて、「一本釣り」による教員選定を行うことが決定したのである。

業績はもちろんのこと、性格も良く協調性のあるR氏は、若手や中堅の専任講師や准教授よりも、すでに確立した教授が欲しいというリクエストにジャスト・フィットする人材だったのだろう。人事の中心にいた先生に、「ぜひ来てほしい」とまで評価され、教授会でも問題なく投票で承認される。こうして、結果的には、50代半ばの２０００年代後半に都市部βレベル大学に移る。移籍後、彼は、過去10年以上の研究成果を大著学術本の形でまとめ、学会などでも高く評価されている。今後は赴任校での学内行政面などにも、その優秀な手腕が大いに使用されるだろう。

一番最初の就活をいかにクリアするか

博士号あるいはPh.D.も取得して、論文も数本できた。そうなると、次には公募に応募し続けるのは無論のこと、良い意味での「コネ」作りが大切だ。一番よくあるのは自分の指導教授などによる紹介であろう。「植民地（158〜159頁参照）」を持っている大学などは強いし、そうでなくても、指導教授あるいは他の知り合いの教授が、「○△×大学で専任講師を求めているが、どうか」と声をかけてくれたら、「逃すなチャンスを！」である。まさに「採用ポイント６」のR氏がこれに当たる。

取材に応じてくれた大学専任教員たちによれば、一番最初の就職（任期ナシで、定年まで勤務可能なテニュア）を見つけるのが、ともかく大変だったと口を揃《そろ》える。

最初の就職に比べたら、移籍とか転任はまだまだ楽なようだ。まず専任教員になると、精神的にも経済的にも一応安定する。少額とはいえ研究費が出るし、紀要論文という形で研究発表も可能となる。大学業界の常識や雑務関係についても経験できる。教育についても、教歴が付くのみならず、実地でいろいろな学生を相手に学び、ノウハウを習得できる。学会に入るのも、同僚などから紹介状をもらえば簡単。良いことずくめである。

移籍・転任にしても、すでに専任教員としての経験がある候補者なら、そうでない候補者よりも、採用サイドからすると安心して雇用できるのも事実である。もちろんOJTもナシで、移ってきた翌日から「即戦力」として教育・研究・雑務分野での活躍が期待できる。また、120頁から詳述するように、学部や大学院新設の際に、大学設置審による教員資格審査が行われる場合もあるが、その時も専任教員として教歴があると格段に有利だ。このように、ともかく最初に大学・短大・高等専門学校（高専）で専任教員になると、その後の展開も見えてくるだろう。

その意味では、最初に指導教授やら知り合いの教授が持ってくる話を断ってしまうのは、残念なことになりかねない。あるαレベルの旧帝大（院）出身の近代経済学者から聞いた話だが、本州以外の遠隔地のZレベル地方私立大に行かないか？ というコネ採用の話が恩師からあった。ところが、家族の都合（配偶者が公立校専任教師だったし、子供の教育の問題）があり、どうしても行けないと断ったところ、そこから数年、まったく話が来なくなったとのこと。最終的にこの方は、地理的には居住地に近いZレベルの短大に就職したが、そことも結果的にはうまくいかなかったようだ。

以上、専任の口がかかったら、少しはムリをしてでも応じたほうがよいというのが、筆者の考えである。

が、無論例外もある。たとえば、赴任先の短大・大学が経営的にかなり危ない（募集定員割れや赤字累積などの）状況で、給料の遅配とかひどいボーナス・カットなどが実施されている場合。２０１１年4月1日から文科省の指導で、全国の大学・短大は経営情報や入試関連情報の公開が義務づけられたので、定員がどの程度満たされているのかなど調べやすくなった。

また、「どうしても、その大学や短大の校風や人間関係などにはなじめそうにない」「あと1年とか2年シンボーしたら、かなりの確率でより良い職場に就職できそう」「家族の都合で、現在の土地から通える範囲の勤務先などでないと絶対にダメ」「実家や配偶者の実家などが資産家だったり、配偶者に十分な収入がある場合」……等々のケースであれば、話は別である。

採用ポイント7　有力な恩師に師事

指導教授によって、面倒見の良し悪しというものは多々ある。あるいは集団指導体制が布かれている大学院では、指導教授とは異なる別の専任教員が就職先を世話してくれることもある。80年代までは院生数も少なく、当時、ある旧帝大系の博士課程院生（法政分野専攻）と話をしたところ、「博士課程に進学したからには、だいたい最初の就職先は恩師の紹介で決まる」とも聞いた。その後、まさにその通りの事態となり、この方は今や、その分野では日本を代表するリーディング・エキスパートとして大活躍している。

さて、「採用ポイント7」として似たような事例を見てみよう。L氏はアラフォーの行政法学者である。現在の勤務先は、都市部β大学であるが、大学院修了後すぐにθレベルの国立大学経済学部に専任講師として招かれている。L氏は法学ではメジャーなαレベルの大学で、行政法関係を学び、大学院に進む。院の指導教授は、その分野ではかなり有名かつ実力もある方で、非常に多作な秀才型であった。なおかつ弟子を育成することにも熱心であり、コネも沢山持っており、ともかく最初の就職先だけは、探し出してくれることでも知られていたようだ。

指導教授は、学者としての激しい一面もあり、ちょっとエキセントリックな方だったようだが、厳しい指導のおかげで、優秀な学者を沢山輩出している。θレベルの地方国立大学で行政法のポストが空いた時には、L氏の兄弟子にあたる同門の先生が、L氏の指導教授に「誰かいい人はいませんか？」と話を持ってきてくれたそうだ。ほかにも、いずれもθレベルだが、公立大学や関東圏の国立大学からも似たような話があったとか。「私学に最初に就職すると、研究時間が取れない恐れがある」という指導教授のアドバイスを受けて、L氏は30歳前にθレベルの地方国立大学にまずは就職。今から10年近く前のことであった。そこでは、北米の大学への長期在外研究も許されて、ますますパワーアップしつつ、着実に質の高い業績を生み出した。こうして、40歳になる前にβレベルの有力大学からの「引き」があり、現在の職場に移籍する。L氏は、科学研究費（科研費）なども取ることができて、今後の活躍も大いに期待できる、若手のホープとして学会などでも大いに注目されている。

就活に効くコネの作り方

良いコネがあればあるほど将来的には就活に有利になる。これは洋の東西を問わない。実際、アメリカの大学就活ハンドブックによると、ほとんどの分野には１００名程度の有力研究者がいて、その１００名とコネを作ることを積極的に勧めている。[30] それら１００名とは、専門的な本を書いたことがあり、（ＩＦの高い、著名な）学術論文を出版している、学会（学界）活動を活発にやっている研究者だとされている。

分野にもよるだろうが、この教えは、日本の大学業界にも当てはまる。１００名がムリなら、アメリカと日本の人口比からしても40名程度の有力者と懇意にしていると、大学業界の中で将来が開けよう。

問題は、日本の大学院出身でなく、コネがなかったり、あっても弱かったりする場合だろう。あるいは、大学院時代に恩師とちぐはぐな関係になってしまったり、恩師が退職してしまったり、あまり恩師のコネに頼り切れないという場合もあろう。そういう方のために、コネ作りのコツを伝授したい。

コネ作りにベストなのは、恩師による紹介を除けば、まずは学会や研究会で面識を得ることだ。知り合いの先生にお願いして、学会入会の推薦人になってもらうとか、あるいは学部時代の恩師や、講義を取ったことがある先生に頼んでみるのも良いだろう。学会に入会するためには、学会事務局に照会してみるのも、ひとつの手だ。小さな学会で、入会規則がそれほど厳しくない所などは、学会事務局で判断すれば、学会会長が推薦人になってくれて、入会できる所もある。

後述するように、海外留学や海外の学会（界）に参加するような時、いろいろな団体の活動に参加することは、コネを作るのに最適である。海外の大学でPh.D.論文を書いていた時に、在外研究で1年のみ滞在していた日本人教授があまり英語ができなかったので、いろいろとお世話したところ、Ph.D.修了後、その教授の勤務校で採用してくれたという話もある。現地の日本人コミュニティなどにも顔を出しておき、自分の人柄を認めてもらえるようになると、今後の展開にもつながろう。

母校というのもありがたい。たとえ学部レベルでも、ＯＢ（ＯＧ）会などを通じて、社会人として活動を拡げたり、あるいはコネを作ったりできる。すでに見てきたように、場合によっては母校のトップレベルのコネを活用して、大学業界に進出することも十分可能だ。

関東圏の有名私学では、ポストが空いた時に、まずは母校出身者でこれは！　と思う人材に声をかけてみるという。ありとあらゆるチャンスを逃さずに、コネを作り、面倒見がよさそうだと思った大学専任教員に対しては、自分が大学教員になりたいという意思表示をしておくのが良いだろう。

業績だけでは決まらない？

水月昭道氏は、その著書『アカデミア・サバイバル』（中央公論新社、２００９年、１１１〜１３４頁）で、「自分の身の丈にあった業績作り」が大事であり、業績はあればあるほど良いワケではないと主張している。さらに、新書は無論のこと、若手研究者なら、単著（出版）は避けるべし！　だそうだ。採用する側の〝嫉妬《しっと》〟が一番の問題であり、優秀な人材が欲しいのは、本書で言うところのαレベルとかβレベルとされる、研究中心大学のみだとも付け加えている。[31]　このような状況もまったくないとは断言できないところに、採用人事の難しさがある。

無論、大学によって、また分野によってどういう人材が欲しいかは異なる。後述する▲▲専攻者のように、公募でもかなりあからさまに採用人事委員会のテイストに合う人材を求める場合もありうる。また、研究中心大学になればなるほど、学術論文や単著本などによる研究業績評価のウエイトは高まるだろうし、反対に教育中心大学や短大だと教育力のある教員、つまり、受講生のレベルに合わせてわかりやすい授業をしてくれる教員が求められるだろう。その点で、繰り返しになるが、**どんな大学のどの学部のどの研究室（講座）が、どんな人材を求めているかに応じて、応募することは必須である。**[32]

ただし、業績は多いに越したことがないというのは、今後のトレンドになっていくだろう。第４章で述べるが、どこの大学も10年、20年前と比べて、雑務量が何倍にもふくれあがり、あっぷあっぷしている専任教員が多い。そこでは、業績が少なすぎる（とくに若手）が応募してきた場合、「ウチに来ても、業績が増やせないのでは？」と、懸念されてしまう。業績を無視するようなカルチャーのある大学を除くと、年齢に応じた業績数と質はキチンと評価されていくだろう。研究中心大学では、たとえば、採用サイドから見て、年齢の割に低い業績の人物を採用した場合、教育面でも縮小再生産スパイラルに陥ってしまうことが懸念される。あの大学の◇◇◇分野では、10年前はすごい教授がいて、日本でトップクラスだったのに、今や……という話も時に聞く。

相性や他の条件問題もある

断っておくが、筆者は政治学を専攻してはいるものの、自らを典型的なノンポリの無党派だと任じている。座右の銘は、「是々非々」である。筆者の個人的スタンスはさておき、客観的に大学業界を眺めると、正直申して、同じくらいの学歴・経歴・業績なら、政党系団体などに入っていたほうが有利になることもある。

実例を示そう。90年代にある大学での「純粋公募」による採用人事で、▲▲▲を専攻している人が欲しいという提案が人事委員長からなされたという。[33] ▲▲▲はかなり狭い分野で、あきらかに特定の候補者を採用するための狙い撃ち人事だった。よく調べてみると、その▲▲専攻者は、その大学の現役教授の配偶者（！）であり、配偶者ともども、人事委員長所属の某政治系団体のシンパだったとか。最終的にはこの人が、採用されたようだ。ただし、博士号もなく、業績的にビミョーな人物であったらしい。別の候補者の中には博士号を持ち、業績面では申し分ない人もいたため、さすがにこの人事を快く思わない教員もおり、最終投票では、かなりの白票や反対票も出たとのこと。

北米の大学ですでに行われているように、〝進歩的な〟大学なら、女性、人種、国籍その他の面で、マイノリティが優遇される場合もあろう。

20年くらい前なら、女性研究者の大学就活は圧倒的に不利な面があった。女性を博士課程では指導したくないという、（いまならセクハラだが）大物教授の話も側聞《そくぶん》した。あるいは、かなり力があり、コネで弟子を他大学に押し込むことができる指導教授でも、弟子が数人いると、①まずは、男性の妻帯者や家族持ち、②独身男性で年齢が高い人、③最後に（もしもポストがあれば）女性研究者の順番で就職が決まるというケースもよくあったようだ。

その反面、女性研究者は結婚して、家庭を持ちつつ、マイペースで研究をして、非常勤講師などから、専任教員職のパイプラインに乗るということもあった（後述「採用ポイント15」のW氏を参照）。

現在はむしろ、女性研究者にとっては、選択肢の幅が広がっている。実際、今回の取材でも、学内人事委員会で、ぜひ女性を採りたいという意見が主流になったために、一応公募だったが、女性教員採用を優先させた例も聞いた。男女共同参画社会の実現をめざす大学では、女性教員の採用に熱心になったり、場合によっては、女性教員枠を設けたりする所もある。

いずれにせよ、この業界は狭いので、良い噂《うわさ》も悪い噂もすぐに広がるし、採用する側の大学事情が口コミで伝わってくる時もある。完全な公募でも、信頼できる第三者を通じて、「この人どうなの？」くらいの下調べをするのは普通である（「あとがき」で述べるが、筆者自身もまったく知らない間に、身辺調査をされていた）。

性格や人柄も重要

採用サイドとしては、この人は良い同僚になってくれるかなあ？　という面から相手を知ろうとするのはきわめてナチュラルなのである。単行本で50万部を突破した筒井康隆氏のパロディ小説『文学部唯野教授』（岩波書店、２０００年、65～66頁）の「蟻巣川教授」のように、（誇張はあれ）おかしい人柄だと困るなぁというのも事実である。問題箇所を引用してみよう。

助手時代、唯野（筆者注：この小説の主人公）はこの蟻巣川教授から理不尽なこき使われかたをした。今でこそ冗談を言いあったりもできるようになったが、唯野は昔のことを忘れず、それは今でも澱《おり》の如き恨みとなって残っている。

「おい。この資料のコピーをとれ。それからオリジナルを破棄しろ」

「はい」

「待て。それからコピーも破棄しろ」

「あのう、それだと何も残りませんが」

「なんだと」

「それだと何も残りませんが」

　いきなり蟻巣川の平手打ちが唯野の顔にとぶ。

「同じことを二度言うな。しつこい奴だ」

　暴君であり、そうしたことが日常であった。教授になってからは蟻巣川からどうにか人間扱いしてもらえるようになったものの、その本質は今でも変わらぬ筈《はず》と唯野は確信している。


　ウーーンとうなるしかない。こりゃ、「教授」というよりも「狂獣」の称号がふさわしい。こうなると、周りが苦労する（！）。採った人も後ろ指をさされてしまうのである。

　採用サイドは、業績やら履歴・経歴はもちろんのこと、性格などの下調べも必要とする。さすがに最近は「蟻巣川教授」のような極端な例はないだろうが、一世代前だと、助手が、恩師（指導教授）のお供で酒席に参加したら、酔ったフリをして殴られた（！）という実例もあったようだ。いまなら完全にアカハラ（アカデミック・ハラスメント）にあたる。

このようなアカハラや、あるいはセクハラなどの不祥事が、大きなタブーなのは言うまでもない。首都圏の某女子大では、学生と「不適切な関係」(Ⓒビル・クリントン)を持った教員は、即座に懲戒免職だと聞いた。ということで、文系の大学専任教員については、性格とか人柄などもとても大事なのである。

さらに、文系大学専任教員は組織重視型というよりも一匹狼《いっぴきおおかみ》型が多い。共同研究も理系の実験系ほどないし、共著で1本の論文を書くこともほとんどしない。実験系に比べると、あくまでも1人で、シコシコと文献・資料・データなどを渉猟《しょうりょう》し、分析・解釈する着実な作業が求められる。孤独に耐え、しばしばほとんど注目されない論文を着実に書いていく、地道で絶え間ない作業である。また、学術的な議論については、相手が匿名でない限り、自分の主張を前面に押し出して、堂々と行う必要がある。

反面、学生への教育、会議によるコンセンサス構築、その他の雑務などなど、〝組織の一員〟として協調性がないとやっていけない。また、分野によっては、共同作業をしないと、研究が進まない時もあろう。その点では、やはり性格も温厚で、〝和〟を重んじる常識人(筆者が完璧にこの型になるかは、ひとまず措《お》いておいて)だと、採用や昇格において波風の立つことはないだろう。反対に、精神不安定で、いらつき気味の性格だと、「狂獣」になるのでは？　と洋の東西を問わず敬遠されてしまうかもしれない。[34]

採用ポイント8　教え上手

Ｇ氏は国際経営論の教授である。地元のθレベル地方国立大学を卒業してから、βレベルの、知る人ぞ知る、その分野ではきわめて著名な大学院博士課程まで進学した。そこで、Ｇ氏は、その業界で秀でていた恩師に師事することができ、経営学の単位を修得することができた。いまから20年ほど前には、経営学分野はまだまだ優秀な若手研究者の供給が不足していたし、数は少ないものの、秀逸な論文を書いていたのが評価されたのであろう。20代後半の若さで、Ｇ氏はθレベル地方国立大の完全純粋公募に受かり、専任講師として採用された。

赴任後のＧ氏は、教育力を十二分に発揮することになる。学生の面倒見も良く、なおかつ教えることが得意で大好きだったＧ氏は、その地方国立大でも、多くの学生に慕われるようになった。さらに、Ｇ氏の秀逸さは、情報収集が得意で、人的資源を利用できることにもあった。若くして、これまでに文科省科研費を６回も筆頭研究者として取得している。さらに、専門分野にこだわらず、多種多様な研究会にも顔を出し、一見異なる分野からも経営学をアプローチするような新規の研究にも従事するようになった。

G氏の転機は、アラフォーの時に訪れた。レベル的には格上にあたるθレベル大学が新学部を設置するにあたり、教授として招聘されたのである。2000年代の後半のことだ。トップクラスの人材がわざわざ割愛にうかがったことからも、いかにG氏が望まれていたかということがわかるだろう。G氏は、その大学に移籍するとともに、大学院の修士課程で㊎《マルゴウ》教授（後述、124頁参照）に認定されたように、優秀さを証明しつつ、新規の学問分野の開拓に情熱を入れている。

G氏によると、社会人が経営学分野に進出するには、やはり昨今では大学院での修士号以上の学位が必要になっているし、学会での活動も大事とのことである。社会人としての経験を活かしつつ、学問を体系化できる能力があると、ベターとのこと。また最初は特任教授や客員教授あるいは非常勤講師で授業を担当してもらう、「お試し期間」を経てから、正規の専任教員になるパターンも増えているらしい。

採用時の年齢について

蛇足になるが、採用時の年齢も大事な要因となる。JREC-INでは、年齢による「足切り」が禁止されているが、公募の職階によって、年齢は推定できる。一般的には、助教、専任講師だと、20代後半から30代半ばくらい、准教授だと30代前半から50歳くらい、教授だと30代半ばから定年（65歳が多い）近くの60歳くらいまでがターゲットだと考えてよい。

無論、学問分野によって年齢の差異はあり、法学・政治学だと、かつての東大法学部の学士助手（現・助教）の伝統からして、助手論文を書いてから20代で准教授、早ければ30代半ばで教授という例もあった。経済学はそれに比べると、５年以上遅い感じだし、分野を問わず、ある地方国立大学であったように、40代半ばにならないと、原則教授には昇格できない所もあろう。

年齢について覚えておいてほしいのは、国公立大学のほうが、私学よりも年齢による職階にシビアだという事実だ。それは、属している学部（研究科）・学科・研究室（講座）などで、教授・准教授、専任講師（あるいは助教）の各ポスト（定員）数が定まっているからだ。

たとえば、８名の（大）講座で、教授３名、准教授３名、助教２名のポストだったとする。教授が３名とも50～52歳で、准教授がそれぞれ48歳、40歳、38歳だとして、定年を65歳とすると、48歳の准教授は、自分の上にいる52歳の教授が65歳の定年で辞めるか、3人の教授の誰かが中途で辞めない限り、教授に昇格できない。最悪の場合、13年後の61歳になって、ようやく教授昇格ということもありうる。

一方で、国公立大学の法学部や経済学部では、職階としての助教や専任講師を廃止して、最初の職階が准教授となっている所もあるため、私学よりも准教授にはなりやすい（が、その状態が何十年も続く）傾向もある。

それに比べると、私学は、通常、教授などの職階とポストが一定数ではない。つまり、8名の（大）講座（研究室）で、全員が教授でも問題ないのである。なので、私学のほうが、研究業績や教歴などをクリアしていれば、昇格しやすい。

ただし、**年齢層のバランスというものが必ず考慮される**。たとえば8名の教授全員が60歳以上の〝ロートル教授〟だと、（大）講座（研究室）運営上、いろいろな問題が生じかねない。このような時に、年齢バランス的には、より若い助教・専任講師や准教授を採用したいと思っても不思議ではない。

１９９８年度は国立大専任教員の28％は37歳以下だったのが、２００７年度には21％に低下している。同じ期間に、国立大専任教員の平均年齢は45歳から47歳へと上がったようだ。[35]

国立大の定員削減が一要因だが、それだけ高齢化も進んでいるのだろう。その意味からすると、次章で見るように、今後の「団塊の世代の大量退職」も、若手のオーバードクターやポスドクにとって一大チャンスとなりえよう。

新規大学学部・大学院設置の場合

反対に、すでに世代交代が済んでいるような学部・学科・講座（研究室）では、諸事情から大物教授を招聘しようとか、あるいは、40代の中堅が求められることもある。たとえば、その大学で新たに学部や大学院研究科を設置するので、教員増になるケースだ。

学部設置には2パターンある。

ひとつは大学内の専任教員が新学部に移り、その移籍組が主流になるケース。この場合は、書類を文科省に「届け出」るだけですみ、設置審による各教員の教歴・業績審査は実施されない。とはいえ、まともな大学では、新学部設置委員会のような、学部横断的で大学執行部に認可された組織を立ち上げて、そこで、学内移籍教員および新規採用教員の履歴・業績審査をキチンと行う。移籍教員とはいえ、他の同僚教員による業績審査を受けてから、無記名投票で承認するかどうかを判定されるので、うかうかしていられない。たとえば、過去5年間に学術論文を1本も書いていないとなると、白票によって消極的に反対されてもおかしくない。

ふたつめは、新しい学部設置や大学院設置で、移籍教員ではなく、あくまでも新規採用予定教員が主流になる場合。このケースでは、文科省の専門委員（該当分野の有力教授）から成る審査委員会によるより厳しい審査（設置審審査）を受けなくてはならない。その時に、学部で授業を担当できる教授・准教授には「合《ゴウ》」の判定、学部の卒論を指導できる教授・准教授には「㊌《マルゴウ》」の判定がくだされる。

採用ポイント9　大学院の先輩からの紹介＋語学力

繰り返すが、学部・学科や大学院の新設などでは、専任教員を新規採用するケースが多い。こういう場合、公募をすると、「あの大学は自分たちだけで学部を立ち上げることができないのか」と内外から批判される可能性も出てくる。また公募の結果、その人事委員会の中心的メンバーの意図と違う方向に、新規組織を持っていこうとするような新人教員がいて、「失敗人事」になってしまう懸念もある。その結果、コネのみで採用を行うことも多い。

あるβレベル大学では、コネでの採用をすることになり、人事委員会メンバーが手分けして良い人材を発掘することになったそうだ。メンバーには自薦他薦を問わず、多くの情報が届けられた。その中で、ある地域研究の法政関係の採用人事をすることになった。ここの地域はメジャーではあるものの、特殊な地域でもあったので、博士号や研究業績に加えてその地域で話されている言語の使用能力が選考基準になった。

ここで人事委員会メンバーは、信頼できる同僚に、この話を持っていった。その結果、その同僚の出身大学院の後輩で、この基準にまさにフィットする優秀な現役U准教授が候補にあがってきた。U准教授はβレベルの他の大学に勤めていた。ほかにも候補がいたものの、その候補はその地域研究をするにはあまりにも「狭い」専門分野だったし、研究業績面でも格段の差がついていた。

U准教授の良さはそれだけに留まらなかった。マスターを北米のメジャー大学院で取得し、英語にもきわめて堪能で、研究の理論面では、欧米での最先端理論を取り入れた、独創的切り口で専門地域を分析していく手法を取り入れていた。代表作の学位論文を基にした著作が、ある高名な賞を授与されていたことからも、研究面での卓越性がうかがえる。

U氏にとっても、ベストのタイミングだったので、「渡りに船」だったろう。その後、新たな赴任先で教授に昇格したU氏は、次の単著学術本も計画しつつ、教育と研究などに精を出している。

厳しく審査される大学院担当教授

大学院設置となると、採用はより厳しく判定される。「修士課程合《ゴウ》教員」は修士レベルで授業を担当することができ、「修士課程㊎《マルゴウ》教員」は修士論文の指導教員になれる。博士課程までいくと、やはり合と㊎があり、さらに厳しくなる。ある情報によると、最も厳しい博士課程（ドクター）㊎のレベルだと、だいたい以下の条件のうち、①と②を同時に満たしつつ、ほかにいくつかの条件をクリアすることが必要となるようだ。

①博士号（課程博士の場合は論文が公刊されているとベター）を取得。
②博士論文とは別の学術的単著を持っている、ないしは単著に値するレフェリー付き学術論文が相当数ある。

①と②の条件だけではなく、他にも研究業績としては、専攻分野におけるレフェリー付き論文を継続して発表し、同じく自分の専門についての編著学術本も持っているという条件がある。無論、近年の主要学術研究業績が自分の専門についてでないといけないようだ（なので、筆者にとって、本書は専攻分野の業績とはカウントされない。トホホ）。

さらに、教歴や研究歴も重要だとのこと。つまり、これまでに、大学教授（あるいは准教授）として長年の教育・研究歴を持つか、研究所、シンクタンクなどで長年学術研究に従事しているし、すごい業績もある、などである。最後に、大学院博士課程指導教授になってからも、キチンと指導できるかが問われるようだ。専門分野における高度の知識（技術・技能）があると、今後の教育・学術研究活動に寄与できる人材だと評価され、博士課程㊎に一歩近づくのだろう。

このように、博士課程㊎という、教育・研究面で頂点にいる大学教授になるには、文系においては、30代の若手だと難しい。ゆえに、設置審審査に挑む大学院修士課程や博士課程を新たに立ち上げることになると、教歴も業績も十分な、おもに50歳以上の現役教授や旧帝大などαレベル有名大退職前の大物教授を引っこ抜くということになる。

ささて、ここまでの説明で大学教員採用についての基礎知識やらノウハウについては、おおよそカバーできたかと思う。次章では、これまでの大学教員マーケットと今後の動向を調査してみたい。

第3章 大学教員の人材マーケットを分析する

現在の大学教員市場から将来を予測せよ

数年前に、安定した某大手有名企業に勤めていた年下（20代）の友人から、いまの仕事での限界も感じるし、博士課程に行きたいのだが、という相談を受けた。彼は政治学で修士号を取ったあとに就職していたのだった。

以下はこの進路相談に対する筆者の回答である。なお、この友人の質問は、カナダ多文化主義を社会学の博士課程でやり直したいが、どのような大学院があるか、大学教員の就職市場とはどんなものか？　であった。

結論から言います。まず、カナダ多文化主義で日本の大学院で博士号を取得しても、大学教員などのアカデミック・ポストに就ける可能性はきわめて低いと思ってください。また、ご希望の九州・関西方面でも、私の知っている限り、この分野での専門家はほとんどおらず、いたとしても、その方のもとで、博士号を取得した場合、今後の見通しはどうでしょうか？（中略）私が君の父親なら、

「そもそも、そのテーマで大学教師とか知的な仕事に就きたいなら、日本の大学院博士課程では難しいだろう」

「今の仕事で、どうにかならないか、もう一度考えたり、あるいは今の職場で学んだ技能を活かしたベターな職場を考えたほうが良いのでは？（これもよーく探ったら、別の道があるかもしれません）」

と言います。


その上で、どうしても、ギャンブルをしたいのでしたら、最後の策としては、直接カナダの大学院で、たぶんマスターから始めて、社会学などで、多文化主義をがっちり学ぶという道がないわけではないものの、これもハイリスクです。たとえば、トロント大で博士号を多文化主義関連で取得する、あるいは、有名なウィル・キムリッカ（Will Kymlicka）のもとで、クィーンズ大で政治理論からアプローチした博士号を取るならば、

国際機構関連職員など含めて、日本の大学院進学以上に、グローバルな就職の可能性は「少し」高まるでしょう。が、ドクターを取るまでには、最低でも今後5年はかかるかと思います。

ドクターの2年目くらいからは奨学金を得る可能性もあるでしょうが、そこに至るまで、マスターから始めて、それなりの財政基盤は必要です。それに、英語もＴＯＥＦＬの paper-based で、６００点以上のスコアは必須です。

以上、厳しいことを言うようですが、大学教員市場から予測した視座ということが大事だということは何卒《なにとぞ》ご理解ください。くれぐれも、「現在の職場から逃げる」という意味での博士課程進学はしないほうが、長い目で見ると良い結果をもたらすと思います。

今でもこのアドバイスは有効だと思う。

採用ポイント10　めざす市場の特性についての理解

自分の分野における大学教員市場の特性をシャブリ尽くすように熟知することで、採

用に近づくのは言うまでもない。

鷲田小彌太氏の『社会人から大学教授になる方法』（PHP研究所、2006年）では、証券マンとして働いた後に大学院に入り直し、5年間の非常勤講師生活をしつつも、業績などをためて、地方国立大学教育学部の助教授（当時）になったHK氏について書かれている。[36]

HK氏は学部時代に体育専門学を学び、その後、O教育大大学院修士課程で、教育学の修士号を得ている。学部時代の恩師の紹介で、関西の大学で非常勤講師をしつつも、30歳を超えてから、ある大学院総合人間科学研究科博士課程の院生にもなっている。体育科教育となると、一般教育での体育実習科目なども教える必要があり、いわゆる文武両道が求められよう。学部時代に体育を専門としたり、証券マンとして活躍したりしたHK氏は、うまく自分がめざす市場を理解していたようだ。

5年間の非常勤講師生活中に、14本の共著学術論文（レフェリー付き5本でそのうち筆頭著者＝ファースト・オーサー2本。紀要論文9本でそのうちファースト・オーサー5本）を執筆した。この間、年に3〜5件くらいある体育科教育学の教員公募に出願し続け、とうとう25回目にして、助教授（当時）採用となったとのこと。2000年代半ばの話であり、倍率は30倍を超えたようだが、やはり地道に努力して、業績などを積み重ねた結果の勝利といえよう。大学院博士課程は中退したようだが、彼の場合、博士号取得よりも、専任教員職に就職することが優先されたのは言うまでもない。

増えている純粋公募による採用

このＨＫ氏のように、公募で採用されるケースも増えているものの、先述したように、有力な研究中心大学（たとえば、旧帝大）を中心に、公募が一般的になっていない採用状況は厳然として存在する。また公募制度を導入すれば、その大学や学部にとって良い人材を採用できるとは限らない面もあるために、コネの大切さも理解できよう。

大学教授市場研究のパイオニアたる山野井敦徳氏（元広島大学教授）は、公募制のメリットとデメリットを専門的見地から指摘している。[37]そして、面識がまったくない候補を選んだ場合、人柄などの確認が難しかったり、応募者が１００人を超えてあまりにも多かったり、あるいは少なすぎたりした場合の選考作業面での問題点などをあげている。

たしかに、採用サイドからすると、１ポストに対して１００人を超えて応募者がある場合は、最初の書類選考だけでもかなりの時間を取られるし、きわめて煩雑な作業が必要となる。

また、面接を実施しても1回のみでは、候補の本当の人柄を見極めるのが難しい時もあろう（公募で採用したあとで、「こんなハズではなかった！」という話も、時に聞く）。

さらに、公募制度による採用では、たとえ候補を1人に絞って決定して、人事委員会や教授会などの承認を得たとしても、最後の段階で候補が、より有力な別の大学に逃げてしまうこともある。コネ採用ならそのようなデメリットはほとんどない。

無論、公募制度にはメリットもある。探索範囲が広がり、多種多様な人材発掘や思いがけない有望人材のリクルートに成功することもあるし、選考過程が応募者にとっても、また採用者にとっても比較的透明となることもある。また、とくに指導教授や出身大学院以外のコネを持たない若手研究者にとっては、チャンスが拡がるのは、なんといっても純粋な公募制度であろう。

数的にも、中・長期的に見ると、公募数は増える傾向にあるようだ。教育学者の竹内洋氏は『大学の下流化』（NTT出版、2011年、41頁）で、「いまの若手教員の採用人事は、ほとんどが公募である」と述べている。データ的には若干古いが、ある国立大学の教育学部に送付されてきた公募文書は、1975年には184件だったのが、92年には407件まで増えている。

さらに注目される動向もある。１９９７年5月15日からは学術情報センター（03年10月1日からは、独立行政法人科学技術振興機構として改編）が、教育・研究職の公募情報を公開するようになった。かつては、たとえば、政治学の公募情報を知りたい場合には、いちいち法学部あるいは政治学関連学科がある大手の大学に直接出向き、そこの公募情報掲示板などで確認しなくてはならなかったが、今やこの独立行政法人が提供するJREC-INによる人材データベース検索で、ほぼすべての学外公募情報を知ることができる。

筆者を含めて完全公募で採用された実例も増えているようだ。２０１０年度の「JREC-IN求職会員アンケート結果」によると、７６１６件の回答者のうち20％、つまり１５２３人くらいが、これまでにこのデータベースを使用し、就活に成功したと答えている。[38]

このJREC-INの情報によると、人材データベース活用による公募情報掲載件数も、趨勢としては、着実に増えている。次頁の図4にJREC-INからご提供いただいたデータを掲載した。２００２年度では５３２９件しかなかった求人公募件数が、２０１０年度には1万2６０６件へと2倍以上の増加を見せている。さらに、２００７年度から２０１０年度までの4年間は、ずっと1万２０００件を超す求人公募情報が寄せられている。

注意すべきは、年度により求人件数の増減はあるし、多様な求人（短大・大学の任期付き

図4　JREC-IN求人公募情報登録件数

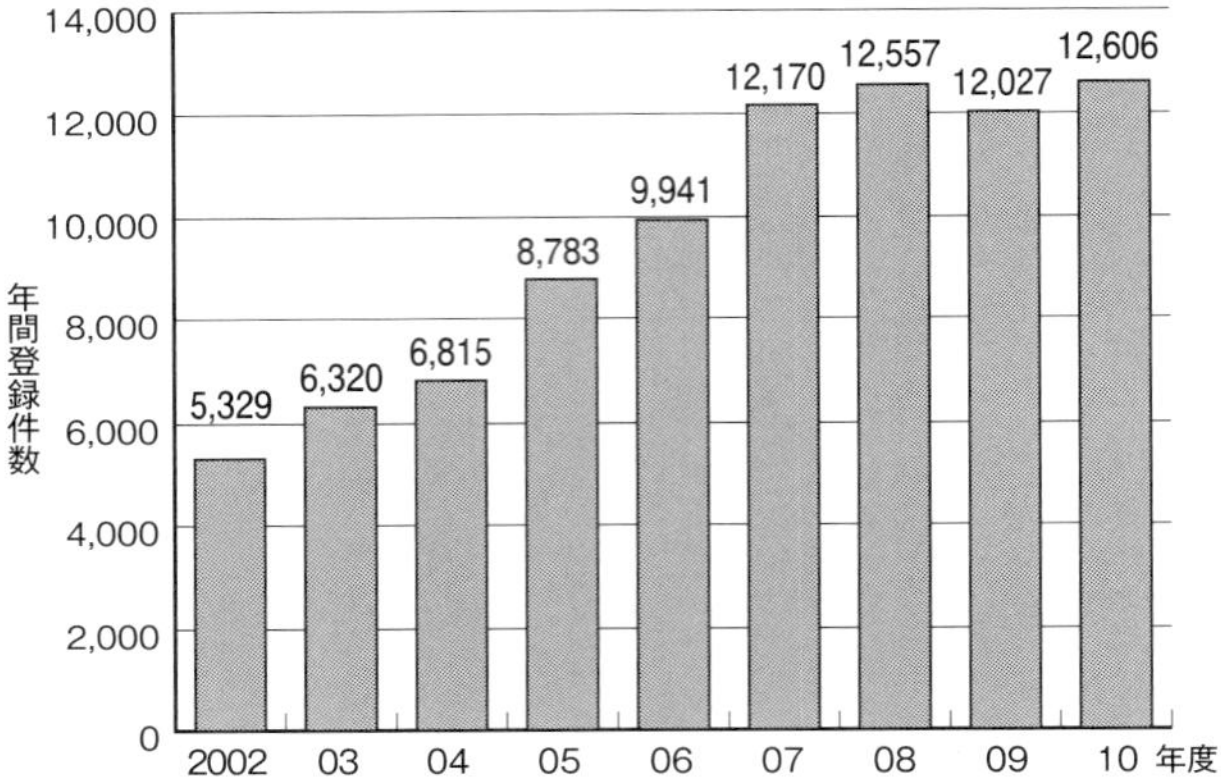

出典：JREC-IN提供

専任教員、大学非常勤講師、専門学校などのその他の教育機関の教員、研究機関や特殊法人などでのパートタイム研究員など）の合計であることだ。

JREC-INにあるような「純粋公募」でも、分野によってはかなりの高倍率になることがある。第5章の「採用ポイント22」に出てくるO氏の場合など、120倍まで倍率が上がっている。分野および職階にもよるが、30～40倍以上になることは、最近の公募では不思議ではない。

筆者自身も、これまでに、公募で7件ほど落ちた経験があるので、少しは公募による大学教員就任の難しさがわかるつもりでいる。

また、今回の調査や取材でわかったことは、大学教員になるには、**大学という場所（就職予定先あるいは就職したい大学）をよく知り、なおかつ自分の得意なスペックを活かすような就活をすればするほど、有利な立場に立てるということだ。**

過去3年の公募情報データを読む

08～10年度にJREC-INが集計したデータ（平成20～22年度JREC-IN求人公募情報　機関種別×職種　登録件数一覧、JST）をより詳細に見てみよう。

全国の短大・大学による助教、講師（非常勤も含む）、准教授、教授の公募件数（任期付きも含む）の合計が、08年度は1万3812件、09年度が1万4528件、そして10年度になると、1万5319件となっている。この数字は、重複カウントのために、実際の採用人数より多くなる。

ここで、重複カウントの問題も知っておこう。たとえば、「政治学の助教（専任・非常勤講師）ないし准教授ないし教授」の募集なら、1人の募集定員に対して3件と重複カウントされている。10年度の公募数1万5319「件」は、1万5319「人」の公募があったことを意味しない。ただし、この例のように、すべての公募の職階が助教、講師（専任・非常勤）～教授の3件を対象としたと仮定すると、実質上の公募採用人数は3分の1になる。つまり10年度でも、最低限5106人以上の大学教員採用公募があったことになる（実際は、〝教授〟という職階のみでの公募もあろうため、この数より増える）。

重複カウントは避けようがないし、正確に純粋な公募件数として、短大と大学でそれぞれどのくらいの数があったのかは、残念ながら、筆者の取材では不明である。以上、重複カウントであることをふまえつつも、職階ごとに、助教・専任講師レベル、准教授レベル、教授レベルでそれぞれ集計し直すと面白いデータが得られる。

結果をみてみよう。助教・講師レベルが6347件（08年度）、6660件（09年度）、そして7322件（10年度）と順次増えているし、数の上でも一番多い。准教授レベルも4248件（08年度）、4531件（09年度）、4663件（10年度）とずっと上昇基調。最後の教授レベルは、3217件（08年度）、3337件（09年度）、そして3334件（10年度）と10年度は少しだけ減っている。

このように、職階が低くなればなるほど公募の数そのものが多くなり、7000件以上にもなるし、最高の教授職レベルでも年に3000件以上もの募集があることは注目に値しよう。過去3年のデータからも、公募そのものがかなり一般的になっていると感じる。

また公募を調べるのにベストな時期もあるようで、過去3年間のデータによると、通常は8月の公募数が最高に達している。こうした基礎知識を押さえた上で、公募を定期的にチェックするとよいだろう。

これから追い風も吹く？

言うまでもないが、大学教員市場も、他の市場と同じく、需給バランスによって、売り手と買い手の力関係が決まる。かつては（そして分野によっては現在も？）、供給が足りないために、人材難に陥り、今では考えられない形での就活を果たした例もある。

有名な話では、いわゆる語学系教員の例だ。１９４９年の新制大学発足からほぼ一貫して、大学の数は右肩上がりで上昇しているが、だいたい70年代くらいまでは一般教養課程においての英・仏・独語を中心とする、一般外国語科目担当教員は比較的就職しやすい分野であったといえよう。

筆者の聞いた例では、60年代までドイツ語担当の有資格専任教員数が圧倒的に足りなかったために、おもな大学院修士課程修了者なら、どこの地方国公立大学でも選んで就職できたらしい。とりわけαレベル大学出身者の強さもよく聞いた。

あるβレベルの私大英米文学関係の大学院では、京大を63歳（当時）で定年退官した教授を迎え、その方のコネで、院生を京大の「植民地」に就職させたこともあったようだ。また、東京外大大学院では、英語を専攻した院生なら、マスターを修了すれば、最低でもどこかの短大の英語専任教員にはなれたという話も、20年前に側聞した。

１９８０年代後半、たとえば東北大教養部には、23名ものドイツ語担当専任教員がいた。しかし、大学院重点化政策と教養部解体により、08年時点では14人に減少している。ドイツ語・ドイツ文学での若手教員採用も20年間停止され、ドイツ語教員の平均年齢が50歳を超えていた。ドイツ語教員需要の減少は、教養教育における第二外国語学習者の凋落《ちょうらく》と重なっているようだ。東北大の関本英太郎氏によると、「たとえば、ドイツの金融政策を研究していてドイツ語も教えることができる」ような人材が、今や求められているとのこと。[39]ドイツ語教師でも、より専門的な語学力に特化して教える力が求められているのだろう。

ロースクール・バブルの時代？

さて、２０００年代の文系において、「バブル」とも表現できるほど、「売り手市場」となった分野がある。それは、ロースクールの大量設置によって急激に専任教員数が純増した実定法関係だ。06年にスタートした新司法試験は、ロースクール出身者が、司法修習生になるのに優遇される仕組みである（ただし、２０１１年度からは司法試験予備試験が始まり、ロースクールを経由しない者でもこれに合格したら、ロースクール修了と同等とみなされ、新司法試験が受験できるようになった）。つまり、専門職大学院であるロースクールを修了し、法務博士の学位を得た受験生は、５年間で3回の新司法試験受験のチャンスが与えられる。3回とも試験に合格しなかった場合は、それ以上新司法試験を受けることができない（無論、そのあとで、別のロースクールに入り直して、修了すれば、また5年で3回の受験資格が与えられる）。

新司法試験制度の導入により、一番大きな変革を求められたのが、旧来法学部を持っていたり、法学専任教員を多数抱えたりしていた大学であった。当初、72校の大学が採算を度外視して、ロースクール設置に動く。その結果、かなり急な形で、司法試験科目を教えることができる専任教員の市場（実務家教員含む）が生まれたのである。

03年に出版された朝日新聞社の『AERA Mook 法科大学院がわかる。』によると、72校で合計１７３４人くらいの専任教員が、ロースクール設置関連で新たに誕生する予定だったと推測できる。無論、この数すべてが法学関連新規大学教員求人数になったワケではない。大学によっては、法学部などからの学内移籍教員が中心となってロースクールを立ち上げたところもある。しかし、学部からロースクールへ教員が移籍した場合でも、その学部のポストに対して玉突きで（新規採用の）後任人事が実施されるケースも多々あろう。あるいは、ロースクールを立ち上げるために、法学部の別のポスト（たとえば政治学）を実定法科目に振り替えることも、いくつかの大学では実施された。

いずれにせよ、ここで得をしたのは、実定法を大学や大学院で教えることができる有資格の教員（および院生などの教員予備軍）や法律家である。01年段階での４年制大学法学部系列所属専任教員数が４５９８名というデータがあることからも、この１７３４名の増加が、いかに大きな大学教員市場の創設だったか、想像できよう[40]。

国内法を教えるという特色

そもそも日本の法学部やロースクールでは、日本国の民法などの実定法科目を教えている。ロースクール制度開始前に、日本の実定法を大学院博士レベルで学べる大学は、60校程度に限られていた。

ここでは、実定法の持つ、きわめて国内的な要因に注目しなければならない。たとえば、国際政治学なら、アメリカの大学で学び、アメリカの大学院で博士号を取得し、日本の大学教育を一切受けていなくても、日本語ができさえすれば、日本の大学教員有資格者となる（むしろ、東大や筑波大などのメジャーな大学では、Ph.D. を海外の著名大学院で取得した研究者が高く評価され、歓迎される傾向すらあった。東大法学部教授までのぼりつめた蒲島郁夫・現熊本県知事は、地元の農協からネブラスカ大農学部を経て、ハーバード大で政治学 Ph.D. 取得後、筑波大に専任教員として迎えられている）[41]。

ところが、アメリカの大学で prelaw（学部での法律系授業）を学び、アメリカのロースクール出身で、大学院で法学博士あるいは博士（法学）に相当する J.S.D.（S.J.D.）を取得しても、英米法の専任教員にはなれるかもしれないが、日本の実定法教員にはなれないのである。あくまでも日本の現行法に通じていなければならないので、学者としては、日本の大学院でトレーニングを受ける必要が出てくる。つまり日本の大学の実定法教員になるには、メジャーな国内大学院出身者が断然有利になるのが、ロースクール・バブル時代の状況であった。

そのために、実定法、とくに需給が逼迫している分野（六法や新司法試験科目になっている分野）では、有資格者を対象に、「仁義なき引き抜き合戦」が各大学で繰り広げられたようだ。「あそこは研究費をかなり積んで、何とか大学の△□△教授を引っこ抜いた」とか、「院生やオーバードクターで、業績があまりなくてもＯＫだから、とにかく欲しい」という話をよく聞いた。

今やロースクールを廃校にする大学もあり、なおかつ（新）司法試験合格者数が、当初の３０００人程度から２０１０年頃には２０００人程度に抑えられたこともあり、数年前のバブルが崩壊した分野もあろう。その反面、今後、法学分野での退職教員増加による世代交代もあり、やはり実定法分野を中心に市場拡大のチャンスは来る。実際、本書執筆にあたっての取材でも、民法・刑法・商法ではまだまだ有名大学院の博士課程を修了すると、他の分野よりも断然大学専任教員になりやすいという話も聞いた。

団塊世代の大量退職の実例

法学部ばかりではない。他分野においても同様に、**今後、大学専任教員をめざす人にとって有利な状況となるのは、１９４７～49年生まれの団塊世代などの大量退職であろう。**大学教員の定年退職年齢はだいたい、国公立が63～65歳、私学も65～70歳くらいである。狭義の団塊の世代は現在６７８万人くらいおり、ひとつの大きな層をなしている。２０１２年には、

47年生まれが65歳に達するために、大学業界でもその後、大きな塊で定年退職者層が生まれてくると予測できる。

ここでは、政治学を例に、1949年以前に生まれた現役政治学者で専任教員がどのくらい存在するのか推計してみた。方法としては、日本政治学会の『会員名簿』（2009年7月発行）を参照し、1949年以前に生まれた現職専任教員数をカウントした。無論、定年は各大学によりまちまちであり、同じ49年生まれでも49年1～3月の早生まれと4月以降では定年年度も異なってくる。またこの名簿では、生年を公表するか否かは、あくまでも自己申告なので、公表していない会員もいる。

この会員名簿をもとに、筆者が知りえた個別情報も加味して、大まかに集計した結果、09年現在で、49年以前に生まれた政治学専攻専任教員数は225人にのぼった。この名簿に記載されている日本政治学会会員数（院生、退職した名誉教授、非常勤講師などの専任教員ではない会員も含む）が1733名。225名は、この1733名の会員の内、13％を占める。日本政治学会も近い将来、10人に1人の長老教員が退職することになる。換言すると、今後数年間で、政治学の専任教員ポストは、補充人事がこのまま実施されると、おおざっぱに見て200件以上は生まれる可能性がある。

政治学を1例として、団塊世代の退職教員数を予測してみた。各分野でこの推計方法を踏襲できるだろう。分野によっては、すでに世代交代がかなり進んでおり、大幅な補充人事は期待できないかもしれない。あるいは、大学院研究科、学部、学科、コースなどの改組により、後任人事が別の分野になってしまうこと（たとえば政治学ポストをより人気のある〔?〕社会学に振り替えるなど）も考えられる。

ここで大学教員予備軍の方々にぜひお薦めしたいのは、**自分が〝就職したい30大学〟をピックアップして、それらの現役専任教員の年齢構成を調べ上げ、将来の退職予定教員数がどのくらいになりそうかを、予測することである**。

本書では、日本政治学会会員名簿からの情報のみに止《とど》めたが、近い分野には2000名を超える会員を抱える日本国際政治学会もある（両方に属する者がいるために重複もかなりあるが）。世代交代の波を受けて、希望先以外の大学・短大でも、一般教養科目での政治学や国際政治学のポストが空いて募集が始まるかもしれない。

全体的にとらえた大学学閥の先行研究

今後のポストの空きについての確認は済んだ。次に大事なことは、現在の大学専任教員の学閥あるいは出身大学（院）を研究することだ。

これまでにも見てきたが、**コネで専任教員に採用される最も大事な一要因は、学閥である。**有力教授や有力大学のもとには、「今度、こういうポストが空いたけど、いい人いない？」とか「一応公募をかけるが、推薦できる人がいたら、ぜひお願い！」などの要望が寄せられる。あるいは私学になると、大学院・大学・短大創設や学部・学科・定員増にともない、理事長、学長、学部長などが出身母校の有力教授に人材を推薦してもらうことも多々ある。

この場合、概して最重視されるのは最終学歴（あるいは学位）取得校であろう。以下の項では、現在学部の学生をしていて、今後大学教員になりたい人、社会人で大学院への入学を考えている読者諸氏、あるいはすでに大学院に進学しているが、別の大学院に入り直すことを計画中の方々などにも役立つような、実証的データを示していきたい。

ということで、最初にこれまでの先行研究を見てみよう。主要な研究として広島大学の藤村正司氏によるものがある。[42] 次頁の表1に4年制大学の大学教授（専任講師以上）占有率の趨勢ベスト15が掲載されている。当時の情報から最終学歴や学位取得校がわからない教員もいたために、完璧なデータではないものの、最も包括的で緻密なデータだと高く評価できる。なお、正確には大学院出身も含むが、表記は「大学」で統一する。

表１　大学教授市場占拠率の趨勢（講師以上）

順位	1961年 出身大学	%	1981年 出身大学	%	2001年 出身大学	%
1	東大	24.8	東大	15.5	東大	11.4
2	京大	13.4	京大	9.4	京大	7.6
3	東北大	5.5	東北大	4.8	（外国大）	6.9
4	教育大	5.0	筑波大	4.6	筑波大	4.1
5	九大	4.6	九大	4.5	阪大	4.1
6	北大	3.5	阪大	3.7	東北大	4.0
7	早大	3.0	早大	3.5	九大	3.8
8	広大	2.9	北大	3.4	早大	3.5
9	阪大	2.9	（外国大）	2.8	北大	3.1
10	（外国大）	2.7	広大	2.6	名大	3.0
11	芸大	2.2	名大	2.5	慶大	2.5
12	慶大	2.1	慶大	2.2	広大	2.4
13	一橋大	1.6	日大	2.1	東工大	1.8
14	日大	1.5	芸大	1.8	日大	1.8
15	名大	1.4	東工大	1.6	神戸大	1.5
合計	31,934		72,964		110,288（人）	

注：点線は累積50％
出典：藤村正司「第９章 流動化する大学教授市場」山野井敦徳編『日本の大学教授市場』（玉川大学出版部、2007年）221頁、表９－３

表１からはいくつかの点が読み取れよう。まず、上位15大学（外国の大学出身者も含む）での専任教員供給率が、１９６１年の77・１％から81年の65・０％を経て、２００１年には61・５％まで低下している。かつては、大学教員になるには、トップ15の大学に進学することが確率的に高かったものの、40年間で出身大学の多様化がかなり進んだようだ。

なお、この表で説明が必要なのは、外国大のカテゴリーである。外国大というのは日本以外の海外の大学での学位（たとえば、ハーバード大Ph.D. など）を意味する。61年には２・７％のみだったのが、81年には２・８％へ、そして01年には６・９％まで上がっている。日本経済の高度成長期に海外の大学や大学院への留学生が増え、分野によっては、日本の大学・大学院以上に評価される学位もあり、海外留学組が歓迎されたのであろう。あるいは日本の大学で正規に雇用される外国籍教員の増加も、外国大出身者の伸びにつながったようだ。海外の大学出身者は学閥を構成するとは言い難い。それゆえ、この外国大出身者を除いたベスト14の大学専任教員市場占有率を計算し直してみると、61年の74・４％から81年の62・２％を経て01年の54・６％になっている。やはり、大学教員の半分以上はベスト14の大学（院）出身であるものの、そのシェアの趨勢としては40年で20ポイントも減っている。

次に東大の強さに触れよう。61年ではほぼ４人に１人が東大出身という圧倒的な強さだったのが、81年には15・５％に低下し、01年は11・４％に留まった。それでも10年前は、大学教員の10人に１人が東大出だったようだ。京大出も61年の13・４％から81年の９・４％、そして01年の７・６％とシェアは減らしているが、落ち込み方は東大出ほどではない。

分野によっては、東大と京大を大学界の「両横綱」とたとえてもよいが、両大学合わせたシェアは、61年の38・2％という圧倒的なシェアから、81年の24・9％を経て、01年の19％と減少している。だが、10年前は約5人に1人が東大・京大出身で、まだまだ強さは残っているとも評価できる。

「両横綱」以外の旧帝大では、61年や81年に比べると、東北大、九大、北大の3大学が01年には順位もシェアも落としている。それに比べて、名大（61年よりも1・6ポイント増加）、阪大（61年よりも1・2ポイント増加）、さらには私学の雄・早大（61年よりも0・5ポイント増加）と慶大（61年よりも0・4ポイント増加）の計4大学が伸びている。

阪大と名大は、旧帝大としては後発で、6番目と7番目に設立されたこと、戦前は理系学部しかなかったことから、終戦後16年目の61年にはまだまだ文系研究者の輩出数が少なかったが、81年、01年と大学院が拡充するとともに、大学教員も多く生まれるようになったと推察できる。早慶についても、学部・大学院ともに戦後一貫して拡大路線をとっており、人材供給面で伸びたのであろう。

61年、81年、01年の数字を見てみると、東京芸大のように、61年と81年には載っていたが、01年にはベスト15リストから消えた大学もあること、文系学部のみの一橋大は61年には1・6％で13位の地位だったが、81年以降シェアを維持できなかったこともわかる。代わって、

81年に１・６％で登場し、01年に１・８％で13位まで上がったのが東工大である。70年代以降の理系大学・学部の拡張結果も見てとれる。さらに、61年にも81年にもランクインしなかったのに、01年になって突如ベスト15位入りしたのが、神戸大（１・５％）であることも注目に値するだろう。

大学院別輩出率から見た教員市場研究

以上のシェアは、あくまでも大学・大学院を合わせた全体的な数字であり、大規模な（院生定員を抱える）大学院と小規模な大学院との間に差がつくのは当然だろう。そこで次に、出身大学院に絞って見た大学教員輩出「率」を見てみよう（次頁の表２）。

上位11大学院（旧帝大、早慶、筑波、広大）出身者が81年と01年において、どの程度の数の教員（Ａ、Ｄ）と修士授与者（Ｂ、Ｅ）を出しているかということと、さらにＡ、ＤをＢ、Ｅでそれぞれ割った輩出率が出ている。

この方法で、修士号取得者のうち、何人が専任大学教員になっているかが、計算されている。無論、修士課程は早稲田だが博士課程は東大に行き、東大の恩師のコネで就職するなど、大学や大学院を移り変わるパターンはいろいろありえるし、２０００年代に入ってから、文

表2　出身大学別大学教授輩出率

出身大学	第Ⅰ期（81年）			第Ⅱ期（01年）		
	A. 教員 1926 ~50生	B. 修士号授与数 1951~75	C. 大学教員輩出数 (A/B%)	D. 教員 1951 ~66生	E. 修士号授与数 1976~91	F. 大学教員輩出数 (D/E%)
東　大	5,232	13,934	37.5	4,765	15,715	30.3
京　大	3,697	12,815	28.8	2,962	14,255	20.8
早　大	1,294	10,858	11.9	1,221	12,510	9.8
阪　大	1,441	7,690	18.7	1,550	12,303	12.6
東北大	1,881	6,954	27.0	1,486	9,321	15.9
九　大	1,728	5,894	29.3	1,396	9,029	15.5
北　大	1,257	5,307	23.7	1,178	7,994	14.7
名　大	1,129	5,171	21.8	1,170	7,408	15.8
慶　大	761	4,263	17.9	1,018	7,262	14.0
筑波大	1,552	3,603	43.1	1,987	4,161	47.8
広　大	973	3,112	31.3	1,001	6,320	15.8
11大学計	20,945	79,601	26.3	19,734	106,278	18.6
他大学計	10,795	74,158	14.6	14,586	189,319	7.7
合　計	31,740	153,759	20.6	34,320	295,597	11.6

出典：表1に同じ。225頁、表9－6

系でも課程博士号授与が当たり前になってきたような状況変化もあるが、ここでは、そうした事情をいったん捨象《しゃしょう》したい。

なお、この調査における対象者の年齢は、第Ⅰ期調査（81年）では当時31～55歳、第Ⅱ期調査（01年）では当時35～50歳である。

特筆すべき点はいくつかある。大学教員になるのに一番お得な（なりやすい）大学は、どちらの時期でも、なんと筑波大となっている。

81年時点で43・1％もの同大

修士号取得者が専任教員になり、20年後にはこの数字が47・８％まで４・７ポイントも上がっている。筑波大で修士号を取得した研究者の半分くらいは専任教員になっているのだ。２位は東大であり、81年には37・５％がポストに就き、01年では７・２ポイント減らしているものの、それでも30・３％が大学教員になっている。81年の第３位は広大で、31・３％もの教員輩出率を誇ったが、01年には15・８％と、第５位まで落ち込んでいる。81年に第４位だった九大は、01年には第7位の15・５％と落ちている。面白いのは京大で、81年の28・８％(第5位)から01年には20・８％まで減らしつつも、第3位に上昇している。

この表によると、81年から01年までの20年間で、教員輩出率が上がったのは、筑波大(＋４・７ポイント)のみであり、ほかの10大学は軒並み、率を下げている。落ち込みが激しいワースト5は、広大▲15・５ポイント、九大▲13・８ポイント、東北大▲11・１ポイント、北大▲９ポイント、京大▲８ポイントの順番となっている。

次項で説明するが、推測するところ、広大が広島高等師範学校を前身とする拠点校であり、教育学関連分野では圧倒的な強さを誇っていたが、80年代以降の大学改組・改編で、教育学関連学部やポストが減ったことが原因かもしれない。同じことは、東京高等師範学校の流れを汲む筑波大にも言えるが、旧・東京教育大から筑波大に生まれ変わることで教育学分野のみならず、他の分野（とくに経済学部や芸術学部関連分野）にも積極的に拡張し、それを教員輩出率上昇につなげたようだ。

付言しよう。上位11大学全体の教員輩出率は、81年には26・3％だったのが、01年には18・6％まで減少している。全般的に、出身大学の多様化（有力大学学閥の弱体化）が進んでいるようだ。さらに、院生数（修士取得者数）が81年には15万3759人だったのが、01年には29万5597人とほぼ倍増しているのにもかかわらず、専任教員ポストは同時期に、3万1740件から3万4320件と2580件しか増えていない。「高学歴ワーキングプア」問題は、大学専任教員職の需要と供給のミスマッチから生じていることが、ここからも理解できる。

文系学部別学閥の先行研究

藤村正司氏はまた、所属学部別に見た大学教員の出身大学（院）の比率も、81年と01年に分けて表3にしている。ただし所属学部ごとの比較には少し注意を要する。

81年には比較的単純に、たとえば、政治学なら法学部所属というふうに結びついたものの、それ以降は「総合政策学部」など関連学部の種類が拡張したことにより、区分が難しい面も

表3　学部大分類による上位10大学の市場占有率（1981年と2001年）

1981年								
順位	文学部	%	教育学部	%	法学部	%	経済学部	%
1	東大	19.4	筑波大	20.9	東大	22.5	東大	13.3
2	京大	11.7	広大	9.0	京大	12.9	早大	8.2
3	（外国大）	8.1	東大	8.3	早大	8.2	京大	6.6
4	早大	5.7	京大	7.1	慶大	5.3	一橋大	6.3
5	筑波大	5.2	芸大	6.5	九大	5.2	神戸大	5.4
6	東北大	3.7	東北大	6.4	東北大	4.1	慶大	4.6
7	広大	3.5	九大	3.6	中央大	3.5	九大	4.0
8	九大	3.0	北大	3.2	一橋大	3.0	明大	3.7
9	慶大	2.2	早大	2.7	日大	3.0	（外国大）	3.3
10	阪大	1.7	名大	2.4	（外国大）	2.8	大阪市大	2.7
	合計	9,979	合計	7,199	合計	2,570	合計	7,588（人）

2001年								
順位	文学部	%	教育学部	%	法学部	%	経済学部	%
1	（外国大）	15.0	筑波大	17.4	東大	15.8	（外国大）	9.6
2	東大	12.0	広大	8.5	早大	10.4	東大	8.8
3	京大	7.2	東大	6.7	京大	9.1	早大	6.3
4	筑波大	5.0	京大	5.5	（外国大）	7.1	慶大	5.7
5	早大	4.9	東北大	5.4	慶大	5.0	京大	5.6
6	東北大	3.2	芸大	5.2	中央大	4.3	神戸大	4.9
7	慶大	2.7	九大	3.4	一橋大	3.7	一橋大	4.1
8	阪大	2.7	北大	3.2	明大	3.5	阪大	2.9
9	九大	2.7	（外国大）	2.9	九大	3.4	筑波大	2.8
10	名大	2.7	名大	2.9	東北大	2.7	九大・明大	2.8
	合計	20,883	合計	8,557	合計	4,598	合計	12,838（人）

注：点線は累積50％
出典：表1に同じ。223頁、表9－5より一部抜粋

多々ある。あるいは、すでに指摘したように、法学部所属でも専門は英文学で、一般教養科目の英語を教えている教員がいるケースも忘れてはならない。にもかかわらず、伝統的な文系学部として、文、教育、法、経済を全体的に取り上げることで、文系全体のおおまかな傾向を示すことはできるので、この表3はきわめて重要なデータとして参照すべきである。

それぞれの分野に特有な事情も、この表からはうかがえよう。たとえば、すでに触れたが、筑波大（旧・東京教育大）と広島大の教育学分野での強さは、大学関係者にはつとに知られているが、やはり教育学部や教育学関連ポスト削減のあおりを受けて、両大学ともシェアを減らしている。とはいえ、01年でも教育学部専任教員の25・9％（4人に1人以上）がどちらかの大学出身者である。

法学部（政治学なども含む）では、東大が01年には15・8％と依然として強いし、早大（10・4％）と京大（9・1％）からも多くの人材を輩出している。ごく単純化すると、この3大学による法学・政治学主要教員の占有率が35・3％となり、3分の1以上を占める。また、さすがに旧司法試験の合格者数・合格率での強さも反映されているようで、実定法が強い東大、早大、京大、慶大、中大の5大メジャー大学が81年には52・4％、01年でも依然として44・6％の占有率を誇っている。

反対に出身大学のバラツキが見られるのが01年の経済学部（経営学なども含む）である。81年には東大の13・3％と京大の8・2％と合計21・5％で、5人に1人以上が「両横綱」出身だったのが、01年にはそれぞれ8・8％と5・6％（両方で14・4％）まで低下。かわって、大学教員数ナンバー1になったのが、外国大出身者で、9・6％と10人に1人程度まで増えている。また、文・教育・法・経済の伝統的文系学部で、81年に比べて、01年に外国大出身者が軒並み増えているので、大学教員の国際化は20年で確実に進展しているとも評価できる。

学閥の生々しい話もあった！

さて、ここで一般論や各種データは別にして、学閥の「本音トーク」に移ろう。以下は、大阪府立大教授の堀江珠喜氏が20年近く前に書いた『助教授の大学講座・二十章』（北宋社、1993年、161〜162頁）からの引用である。なお、引用文中に、一部侮蔑的ととらえられかねない部分があるために、本書では、あえて伏せ字にした。無論、筆者の意見ではまったくなく、あくまでも当時の状況から同書に書かれているものだということを、十二分にご理解いただきたい。学閥の赤裸々な実態が、よーくわかるのは間違いない。

（前略）関西の一流あるいは準一流大学の文科系人事で嫌われやすいのは、「H大学」である。というのもH大出身者は、この近辺の大学の同窓生に比べると、かなり結束力が固いのだ。だからなんとかして同窓生を引っぱろうとするその熱心さが、他の者には不気味にさえ思えるのである。

もちろんどこの大学の出身者だって後輩を呼びたい気はあるし、ある程度の努力はするだろう。だが結局は、出身校にたいする愛情よりも勤務校の事情を優先させ、それにふさわしい人材を採用しようとする。

ところがその点、「H」は面倒見が良すぎる、強引だと思われている。おそらく関西の諸大学で大学院生の就職先に頭を抱える指導教官たちが狙う場所と、「H」の進出先が重なり、奪い合いになるのだろう。つまり四国、中国、関西の一部である。

同じ大学へ何人も卒業生を送り込み、その出身大学の強い学閥ができあがると、母校の教師たちはこれを「植民地」と呼ぶ。「H」と関西の一流大学は「植民地戦争」という冷戦下にあるのだ。

（中略）実はこの先生（筆者注：T大出のS大教授）の分野において、S大はT大の植民地なのだ。そして植民地の行政官はいつの時代においても、暴言を吐きいばりちらしている。

S大の教え子たちが、「H」に中国戦争で敗《ま》けたのかもしれないが、先生は相当、憎しみを込めてこう続けられた――「ひとりでも『H』を採用すると、次々と『H』を連れてきて、あっというまにそのへんが『H』だらけになる。だから君んところも『H』だけは採用するなよ」――「S」と「H」の対立――これじゃまるでヤクザの抗争だ。

堀江珠喜氏の描写は、1990年代前半の話であるが、「H」を別の大学などに置き換えると、現在でも学閥などが強い所ではありうる話かとも想像する。その反面、繰り返しになるが、分野によると、完全公募での採用人事が増えているし、学閥などまったく関係ない大学や学部も実際ある。

今後期待される分野や学派は？

日本の経済力が世界第3位に落ち、少子高齢化にストップがかからない現況を背景に、今後需要が高まるが、大学専任教員の供給が十分になされないような分野もあるようだ。

宗教学者の島田裕巳氏は、看護・介護系が今や最も大学教員になりやすいと指摘している。[43]看護師の実務経験5年を経てから修士号を得ると、大学教員への道も開けてくるようだ。実際、JREC-INで「看護」でキーワード検索してみると、139件ヒットする（11年6月現在）。看護実務経験を持ち、博士号を所持し、なおかつ論文があるとなると就職の可能性がグッと高まるのであろう。隣接分野の社会福祉（ソーシャル・ワーク）や介護関係などもまだまだ需要は多いようだ。

また、経済学を見ると、学派の特性を把握することがいかに大切であるのか、理解できるだろう。すでに1991年度の時点で、当時の経済理論学会（Japan Society of Political Economy、マルクス経済学）と理論・計量経済学会（現在の日本経済学会＝Japanese Economic Association、近代経済学）の双方に属した研究者が面白い観察をしている。表4にその観察をまとめた。

91年度というと、その年のクリスマスにはソ連邦が崩壊するなど、冷戦終了期にあたる。その頃すでに、研究職については、近代経済学のほうが、マルクス経済学よりも有利だったようだ。また、経済理論学会（マル経）会員が1013名なのに対して、（理論・計量経済学会＝近経）会員は1653名で前年より多い。会員は学生会員（院生）も含むので、ポ

表4　経済学者の特徴——マル経と近経

マルクス経済学者の特徴	近代経済学者の特徴
年配の人が多い	若い人が多い
正統派か宇野派、または大学別にグループ化しやすい	個人主義的な人が多い
政治的関心が強い	政治は経済の外のことだと考えている
金の使い方は一般にシブイ	金はそうケチらない、リッチとも限らない
どちらかというと教育にも関心	どちらかというと教育への関心は弱い
大学院生の就職（研究職）は厳しくなっている	大学院生の就職（研究職）はマルクス経済学よりはいい
地方の大学にいる人が多い	都市の大学にいる人が多い
文献解釈に力を入れる人が多い	数理的・計量的研究に価値をみとめる人が多い
1991年度の経済理論学会大会での報告数17	1991年度の理論・計量経済学会大会での報告数53
1991年度の経済理論学会会員数1013名	1991年度の理論・計量経済学会会員数1653名

出典：岩田年浩『したたか教授のキャンパスノート』（学文社、1992年）157頁

スト数に単純に置き換えられないが、やはりこの頃から人気はあったと推察できる。その後、２００３年には、日本経済学会会員が２８３４名なのに対して、経済理論学会会員は９６２名まで減っている。現在では推測するところ、日本経済学会会員が約３３２１名（２０１０年度）に対して、経済理論学会会員は９５４名（08年度）となり、１対３以上の格差があるようだ。[44]

数字だけを見ると、マル経の不利が際立つし、実際、多

くの大学ではマル経のポストを近経に振り替えたという話も聞く。その点では、数の面で今後期待できるのはやはり近経であろう。過去との比較から見ると、かつてマル経が東大と京大の両経済学部などで盛んに教えられていたのに対して、近経が少数派だったのが、逆転した所もあろう。なお、同志社大学の橘木俊詔氏（京大名誉教授）によると、東北大や九州大も主流がマル経で、近経は阪大、一橋大、神戸大、慶大などが中心だったようだ。[45]

近経の場合、ポストが多いという面では、マル経よりも有利だが、院生も多くなり、海外のPh.D.組も就活戦線に入ってくるので、どれだけ著名な（海外）ジャーナルに優秀論文を書いているかといった業績で競う時代になってきたようだ。大先生の下で学んだ同じ門下生でも、トップクラスの院生は就職がうまくいくが、そうでないと難しい面もあるとのこと。また、指導教授により面倒見の良し悪しの違いもかなりあるし、そもそもがかなり個人ベースでの研究重視の風潮が強いようだ。

その反面、マル経も自分たちが強い大学では、「植民地的なポスト」があり、コネが強く効くこともありえよう。本書取材中に「これまでのイデオロギー重視でないマル経や制度論を熟知している若手には期待したい」という声も聞いた。

採用ポイント11　マル経にプラスαを加える

　ここでマルクス経済学での成功例、中でも財政学を専門にするＪ氏を見てみよう。

　Ｊ氏はマル経でも、いわゆる宇野（弘蔵）学派が主流のαレベル旧帝大系大学と大学院で学んだ。学部は法律学科だったが、大学院修士課程と博士課程は経済学研究科に進路変更して、日本経済などについてしっかりと学び、いくつかの学術論文を在学中に発表している。

　転機となったのは、20代後半にβレベルの地方国立大（短期大学部）の夜間コースに専任講師として就職した時。まだまだ公募が一般的ではなかった80年代後半だったが、その大学に勤務していた専任教員が研究会でのＪ氏の活躍を認めて、声をかけてくれた。こうして、まずは地方大学の夜間短大で教鞭を執ることが決まったのである。

　その地方国立短大でも、Ｊ氏は業績を順調に伸ばしていき、母校から博士号も取得。さらに、Ｊ氏が単なる日本経済のみの専門家で終わらなかったのは、ある国への１年間の留学が決まったことも大きい。30代半ばであったが、その国で英語を習得したのみならず、地域研究としても政治経済や財政状況などをみっちりと学習する機会になった。その前後からは、狭く日本に特化することなく、その先進民主主義国との比較研究の視座からも経済分析をすることができるようになったのである。

6年後には、最初勤務していた短大が改組の関係で4年制大学の学部に吸収された。J氏としては、勤務環境も気に入り、その地方国立大で骨を埋めてもよいと思っていたが、アラフォーになってからチャンスにめぐりあう。βレベルの都市部大手大学が採用公募を行うので、応募してみないかと誘われたのである。

その頃には、すでに博士号に加えて、20本近くの学術論文と5本ほどの共著を持っていたJ氏はその公募を勝ち抜き、晴れてメジャー大学の教授になった。以降も、学術論文や共著・単著の書籍を精力的に刊行している。

英語で世界を拡げ、可能なら留学せよ

理系では常識だろうが、留学の重要性もあえて指摘しておきたい。筆者の専門が「国際○○」であるため、少し〝バイアス〟がかかっているかもしれないが、このJ氏のように、たとえ日本を自分の専門フィールドにしても、海外留学することは大いに役立つ。最近は、若

者の内向き草食系志向が問題視されている。事実、08年に海外の大学などに留学した日本人は、07年よりも11%も減って、６万６８３３人に留まった。４年連続の減少だそうだ。最も多くの日本人留学生を集めているアメリカへの留学生数も前年比▲15・１%で、２０１０年には２万４８４２人に留まったとの報道もある[46]。

ところが、逆転の発想からすると、こうした現況だからこそ、なおさら大学教員予備軍としての留学経験は貴重になっていく。インターネットを通じて、膨大なモノと情報が日本で入手可能になってきても、学生が直接体験する国際交流・異文化体験の重要性や需要はまだまだあるし、そのような経歴がある教員が求められるようになっているからだ。

地域研究的な分野だと、その地域への留学や在外研究をすることで、その分野の最先端を勉強したり習得したりすることができて、なおさら就活に有利になろう。

もうひとつ強調したいのは、英語力の重要性である。国内でも、海外からの留学生を30万人招聘するという日本学術振興会の「グローバル30（国際化拠点整備事業）」計画により、13の大学（東北、筑波、東京、名古屋、京都、大阪、九州、早稲田、慶應、上智、明治、同志社、立命館）が09年度には総額30億円、10年度には29億円のプロジェクト予算を獲得した。より多くの留学生を学部や大学院で教えるために、英語ができる教員の求人は増加しているようだ。

たとえば、2011年4月24日現在、JREC-INで「経営」「英語」の2つのキーワードで検索すると、経営分野教員（任期付きや特任教授含む）で17件がヒットする。おもな公募案件を見てみると、立命館大経営学部が技術革新論、マーケティング、企業倫理という3分野で各1名の准教授ないし教授の公募を行っている。

企業倫理では、「将来的に英語または中国語による講義を行う意欲がある方が望ましい」という条件が付いている。技術革新論でも、「将来、英語による講義を行う可能性がある」との但し書きがあり、マーケティングでは、より鮮明に「日本語および英語による講義が可能である方」と明記されている。同じく日本語のみならず、英語での講義などができる人材を求めているケースは、横浜市立大の経営戦略論（任期付き教授または准教授）、筑波大大学院の国際経営プロフェッショナル関係（任期付き准教授または助教兼プログラム・コーディネーター）、大分大の国際経営論または経営学（教授）、そして山口大大学院の経営戦略特論（教授、准教授または専任講師）などがあった。

採用ポイント12 日英バイリンガル

北米などの大学や研究所に好条件で雇用されるのは、理系では日常茶飯事であろう。文系でもまだまだこのような手が残っている。よく考えてみよう。日英バイリンガルになると、そうでない研究者に比べて大学教員市場は倍増以上になるのだ。

X氏は高校時代の1年間をアメリカで過ごし、その後付属高校からβレベル私学に進学。法学部政治学科で、アメリカ外交を学び、留学を思い立つ。修士課程にそのまま進学したが、そこは中退して、北米の2つの大学院で国際関係論を学び、31歳の時、アイビーリーグ大の大学院でPh.D.を取得した。

この前後には北米の大学で非常勤講師をしつつ、無給のポスドクやフェローシップを取得して業績も積み重ねた。修士課程は、某国政府の奨学金でまかない、博士課程はその大学院のスカラシップと他のフェローシップでどうにかやっていった。この時代はまさに「高学歴ワーキングプア」時代だったといえよう。修士時代に知り合ったカナダ人の婚約者も、後に心理学でPh.D.を取るくらいの才媛《さいえん》で、病院でパート勤務するなどして彼を支えてくれてはいたが、33歳でテニュア取得可能な専任職に就くまで、婚約者と2人で稼いだ家計収入は毎年200万円以下の貧困層に属していた。

X氏の場合、結果的には北米にある12の大学に応募し、そのうち6つの大学では最終面接候補まで残り、1校（現勤務校）から、国際政治学（日本政治・外交担当）の助教授で採用された。彼の成功は、最初に受けた公募面接の模擬授業や研究発表の失敗から学ぶことができた点である。北米では面接候補者になると、必ずその大学に出張扱いで個別に呼ばれ、自分の研究発表やらキャンパス・ツアーやら、未来の同僚（になるかもしれない研究者）による面談が行われ、ジックリ観察される。

当初X氏は、日本のことをあまり知らない研究者に、日本の細かいお国事情を講義するという愚を犯して不採用となっていた。求められていたのは、部外者にも知的関心を持ってもらえるように、自分の研究成果（日米関係）の意味をわかりやすく説明することであった。それに気づいたこともあり、また、たまたま最後に応募した大学では、そのポストの前任者とは友人を通じて懇意になっていたこともあり、無事に採用されるに至った。

その後、次々とレフェリー付きの優秀な論文を発表したX氏は、問題なくテニュアも取得。婚約者と結婚し、２人のお子さんにも恵まれる。いまでは、その大学の准教授として、アジア関係プログラムの行政職にも就いている。彼の場合、テニュアをもらう前に、母校を含めて、いくつかの日本の大学や研究所からの誘いもあったが、配偶者がカナダ人でお子さんを北米で育てたいという願いがあったために、最終的には北米での学者生活を選んだのであった。

このX氏のサクセス・ストーリーのように、英語による授業が可能なら、分野によっては海外大学での就職も十分考えられよう。筆者自身も、NZで研究員をしていた時に、「日本政治で公募を出すので、いい人がいたら紹介してくれ！」という依頼を受けたことがある。政治学のみならず、経済学・経営学などでは英語ができると、海外でのポスドク・ゲットという可能性も高まるし、北米などの英語圏のみならず、東南アジア、オランダなどの欧州や、時には南米諸国でも英語で授業というポストがあるようだ。

まずは、北米、オーストラリア、英国、香港、シンガポールなど海外の大学で大学教員として就職して、その後、公募やコネにより日本の大学に転職した例も筆者は5人以上知っている。とにもかくにも、どこかで専任職ポストをゲットするという趣旨からは、英語などの外国語運用能力を高めて、それをテコに就活をするのはきわめて適切なやり方であろう。次章でもう1度復習するが、**いまの大学業界では多種多様な能力を持った逸材が求められており、外国語運用能力は間違いなく大学教員予備軍のスペックを高めるスキルである。**

採用ポイント13　海外Ph.D.＋国内のコネ

K氏は近代経済学の強いαレベルの旧帝大系経済学部出身だったが、卒業後、北米の大学学部・院で工学を学び始め、学士のみならず工学修士まで得ている。その後、北米の大学院で経済学を学び直し、経済政策（とくに産業組織論）分野でPh.D.を取得した現在アラフィフの研究者である。きわめて多才で、工学的知識と高い英語力を駆使しつつ、質の良い邦語の単著学術本などもすでに6冊も刊行している。なお、彼の分野で6冊の単著は多作と評価されるので、その優秀さがわかろう。

K氏は日本の大学院出身ではなかったものの、学部時代のゼミの恩師が、最初の就活では親身にお世話をしてくれたようだ。この恩師の出身大学の友人が、Zレベルであるものの、都市部私立大への就職を、90年代半ばに斡旋してくれた。この私学は理事会がかなり強い大学だったがK氏は就職でき、北米での蓄積が一気に開花して、次から次へと北米や日本の産業組織論に関連する論文や書籍を発表していく。その結果、その私学で6年間教えつつ、学会・研究会などで知り合った先生から「一本釣り」の形で、βレベルの都市部大学経済学部の教授として移籍することができた。

K氏の話だと、やはり近経では、ハーバード大やスタンフォード大などの北米一流大学のPh.D.組は就職戦線でも強いようだ。国内の大学院では、東京、一橋、慶應、少し離れて大阪、神戸の各大学出身の経済学者が評価されているとのこと。

人当たりも良く人望もあるK氏は、その後、都市部にある別のβレベル大学に、学部新設時の教員として採用されることになった。前任校の同僚がこのβレベル大学に移り、かねてからK氏を欲しいと思っていたところ、分野的にもピッタリするポストができたからであった。K氏は英語を駆使して、大学の雑務もうまくこなしているとのことだ。

海外の大学院留学のメリット

このように、20代、遅くとも30代半ばくらいまでに海外の大学・大学院に留学し、学位を取得することや語学力を身に付けることは、今後もきわめて有用だ。

とくに海外政府・財団（アメリカのフルブライト記念財団やロータリー財団）などの奨学金・フェローシップを獲得して留学すると、金銭的な援助のほかにも多種多様なメリットが生じる。まず、そのような奨学金やフェローシップを得たということで、厳しい競争に勝ち抜いた証となる。また同じ奨学金やフェローシップを得ることで、自分の出身大（院）以外の仲間ができやすい。さらに、現地での日本人とのつきあいを大切にすることで、そのコネが将来的に活きていく。

筆者自身も、カナダ政府奨学金給費生として大学院に留学したが、25年経ったいまでは、その元給費生のほとんどが大学専任教員になった。勤務先大学は、筆者の勤める関西学院のほかに、東京、京都、筑波、早稲田、東洋、大東文化、明治学院、サイモン・フレーザーなどだ。学会を代表するような先駆的研究をしたり、海外で活躍したりしている者もいる。

水月昭道氏によると、[47] 日本学術振興会（学振）の特別研究員になれれば、修了5年後には83%の確率で正規雇用を得ているとのこと。応募者の9%程度しか特別研究員になれない狭き門なので、その指摘には頷けるものもある。学振経験者としては、すでに32～35頁の「採用ポイント1」のH氏の事例も見ている。

付言すると、筆者の観察では、外国政府や内外の財団から奨学金を得るなどして留学して学位を得た場合も、9割以上の確率で正規雇用に就いているようだ。このように、分野によっては、借金をしてでも1年以上の留学をする価値はあるのではないだろうか？

採用ポイント14　「学振」研究員の経験

地理学はかつての教育学部全盛時代には、かなり多くのポストがあったようだ。小・中・高の社会科教諭を輩出できたからだ。しかし、少子高齢化を受けて国公立大学の教育学部改組、教養部解体の動きもあり、いまでは30年前よりはるかに就職難となっている。地理学は伝統的に自然地理学と人文地理学に分かれ、前者では、地質学等とも共通点があって理系学部への就職も可能である。また、学閥が比較的強い分野でもあり、とくに東京、京都、筑波、広島が就職には有利だとの評判が高い。

そのような中で、2000年代半ばでアラサーだったI氏のスペックは、豊富な海外経験があり、英仏語に堪能で、多分野の学会で活躍していたことだ。学部と修士課程を都市部のθレベル大学、ドクターを同じ都市部のαレベル大学で取ったI氏は、地理学に加えて、ある国の地域研究にも専念する機会を得て、ある地域研究学会でもいろいろな雑務をこなし、知られる逸材となっていく。さらにI氏は、「学振」研究員に選ばれ、自分の専門地域に2年間の派遣予定で長期留学する機会を得た。海外大学の客員研究員として実際の地域での研究を進めることができ、レフェリー付きの学術論文も着実に蓄積していく。

「学振」により海外の大学で客員研究員をしている時に、JREC-INで、θレベル大学の地理学教室で自分の専門分野にピッタリ合った公募が出ているのを見つけた。その大学の教員とは直接面識があるわけではなかったが、自分の大学院時代の恩師から推薦状をもらうことができた。地理学は狭い業界なので、誰が、どこで、どんな研究をやっていてどんな活躍をしているか、比較的わかりやすい。その上、まだまだ海外留学などの経験者は分野的に少ない状況でもあった。

最終的に、30倍近くの倍率の公募にI氏は勝利したが、論文の量と質のほかに、語学力やパソコンなどのIT技術力、積極的な人柄、そして所属学会が多岐にわたっていたことも有利に働いたようだ。とくにある学会に入っていたことが、求人の要件にマッチした。教育についても非常に熱心で、学生の面倒見も良いとの評判らしい。またI氏の場合、語学力に加えて、持ち前のフットワークの軽さで、いろいろな資金を利用して海外へのフィールドワークに頻繁に出かけ、業績も伸ばしたようだ。

この章では、大学教員マーケットに焦点を当てた。いわゆる、「高学歴ワーキングプア」や大学への転職を狙っている方々にとって、一筋の光となりうるのは、２０１２年度からスタートするであろう団塊の世代の大量退職であり、自分の専門分野がどうなるかについての調査方法も述べた。

さて、次章では、現在の大学業界の内部事情を中心に見ていきたい。そこからは、20年前、30年前とはまったく異なる逼迫した状況があるにもかかわらず、まだまだ自由な雰囲気があることがおわかりいただけるかと思う。

第4章 予備知識としての大学業界ウラ事情

「教授」以上の職階はない

これまでの記述でおわかりいただけたと思うが、ビジネス界や官公庁などと異なるルールや規範で動いているのが、大学業界である。そのさまざまな事情を理解して行動することも、専任大学教員になるためには必要だろう。まず、現在の大学教員職について、メリット、デメリットを含む基本的な事柄から、現在の窮状まで見ていこう。大学教員になるための就活を開始し、どうにかこうにかポストをゲットしたのは良いものの、「こんなハズではなかった！」とならないためにも、「ウラ」も含めた事情を知っておくのは有益だ。

最初に、あえて断言すると、他の業界と比べて、大学業界における一番のメリットは、「教授」職以上の職階がないことだ（ただし、権力欲の塊のような大学教員にとっては、これはデメリットにもなりうる)。学部長あるいは大学院研究科長(大学学部における学部長に該当)などのポストもあるにはあるが、普通は期限付き(2〜4年程度)であり、大学や学部によっては年功序列で順番に就任する慣習もある。

その学部長ですら、一応学部における管理職とされているが、一般民間企業の部長クラスよりはるかに小さな権限しか与えられていない。たとえば、通常の大学では誰を准教授から教授に昇格させるかの人事権が、学部長に集中していない。どんなにお気に入りの教員でも、学部長などのツルの一声で、業績もなくて昇格できるケースはレアだ(そんな大学はアヤシゲだと言わざるをえない)。

教授会中心の大学になればなるほど、〝長〟の付く役職者の権限は小さくなる。そのような大学では、さまざまな「雑務(大学の管理運営に関わる行政職)」があるが、学部長が1人の教員に命じて、強制的に仕事を押しつけることもできない。少なくとも、雑務をこなす側の承諾がないとできない仕組みになっている。

無論、大学社会も日本社会である限り、すべての要求にNOを言うことは難しいし、実質は得意・不得意はあれど、入試などのやっかいな業務も、順番で回ってくるのが通常である。その反面、極端な話、雑務を最低限しかしない、あるいはまったくしない(できない?)教授に対して、たとえ学長が権限を振りかざしても、それを理由に降格（教授から准教授にする）させたり、減俸処分などの懲戒を科したりすることは難しいだろう。

理事、理事長、学長などの役職（管理運営職）も普通は任期付きであり、オーナー理事（長）が経営している私立大学以外では、10年以上も継続してその任にあたることは難しい。

一言でまとめると、ビジネスや官公庁の業界は、ピラミッド型の縦社会であり、職階が上にいけばいくほど、権限も責任も賃金も上がるのに対して、より**平等主義的・民主主義的な文系大学業界は、フラットな横社会であり、各教授が「一国一城の主」的に活動をしている。**[48]最終決定権は学部（研究科）教授会にあり、そこでは、一人一票の原則で、すべてが決まっていく。

「長」になるのを避ける？

また、学内行政が大好きな教員がいる一方、大事な研究時間を蚕食《さんしょく》する役職を望まない教員も（筆者を含めて）多くいる。[49]ここでは会議の問題もある。大学教員の会議となると、論理的に議論する場合が多く、なおかつ大学自治に関しては一家言《いっかげん》あるメンバーもいるので、長引くことが多い。また、承認をするためだけの会議も多々存在する。民主的な手続きを重んじる大学になればなるほど、会議の数が増え、長期化する傾向にある。必然的に、〝長〟のつく役職になると、その会議の数も長さも大幅に増大する。大手の大学の学部を代表する役職に就くと、わずかな手当が本給に加えて加算されるが、会議の時間に見合ったモノかどうか、疑問が残る場合も多い。そのような会議に積極的に参加するよりは、自分の好きな学問（勉強）をやっていたほうが、精神的にも、健康的にもベターだと考える教員がいるのも自然であり、よほどのことがない限り、役職は回避したいという者がいてもおかしくない。そのような教員にとっては、「ヒラの教授」止まりで、いわゆる〝出世〟をめざさないほうが、まことに居心地が良いのである。

まとめると、**大学業界に向いている性格は、人を蹴《け》落《お》としてまでえらくなりたくないという人である。**「教授以上の職階はない」と見なしてもかまわないし、学部長や「○○長」という役職は、同業者によって、「すごい」とか「立派」とか必ずしも思われないのである。人によっては、教授になるのすら、雑務が増えて嫌う者もいよう。[50]

ヘタに教授に昇格してしまったり、「○○長」の付く役職に奉《たてまつ》られると、むしろ、「大変やな」とか「ようやるな」とか、同情されるかもしれない。それよりも学会や社会での活動に精を出していたり、優れた研究をまとめたりするほうが高く評価される場合も多々あるのである。この点が、民間企業や官公庁などと著しく異なる。弘兼憲史氏のマンガ『島耕作』のように、係長→課長→部長→取締役→常務→専務→頂点の社長と〝出世〟しなくても、給与体系にすごく大きな差がつくわけでもなく、大学内ではまったく問題ない。それが大学教授の世界なのである。

ビンボー学者は死語？

筆者が大学生活を送った１９８０年代初頭では、大学のセンセーというと、「時間はたっぷりあるが、ビンボー」というイメージが強かった。筆者の卒業した大学が、私学にしては薄給で有名（悪名？）であったことを知ったのは、この業界に入ってからである。実際、ある授業の最初で、プリント形態のシラバスを数十円かけて買わされたことを想い出す（担当の先生は、「僕はビンボー学者なので」と言っていたが、その意味は、いまになるとイタいい、ほどわかるのである）。

現在のいくつかのデータによると、昔とは若干異なる状況が生まれているようだ[51]。たとえば、平均年齢48・３歳の大学専任教員（教授のみではない）の平均給与月額（諸手当などを除く額面）は、46万１０００円となっている。「年収ラボ」というウェブサイトによると、大学教授の年収は、２００１年版の１２０６万円から、毎年減ってきているものの、２０１０年度版では、１１１４万円になっている。職業別ランキングで見ると、この数字は、第１位の弁護士の１２７１万円、第２位の医師の１１４１万円、そして第３位のパイロットの１１３６万円の次となっている。

大学専任教員の年収の特徴を一言で述べると、公務員に似ていて男女間格差などはないが、完全な年功序列型であり、なおかつ大学間格差が大きいということに尽きる。その反面、推察すると、失われた20年によって民間企業の年収レベルが下がったのに対して、大学教員は大手私学を中心に、それほどまで低下していないのが実状のようだ。

『２０１２年版大学ランキング』（朝日新聞出版、２０１１年、２７７、２７９頁）によると、09年度の大学教授55歳のモデル賃金（月額）が、１位は立命館・71万２０００円、２位は東洋・70万９８００円、３位は東京経済・70万６７００円、４位は中央・70万３９００円、５位は獨協・69万９１００円となっている。45歳准教授だと、１位は佛教・63万円、２位は早稲田・60万８４５０円、３位は中京・59万８３００円、４位は立命館・59万８０００円、５位は立教・58万８８００円の順番だ。いずれもキャリア上、最短で昇格したケースである。

大手私学の年収レベルは？

モデル賃金はあくまでもひとつのモデルにしか過ぎない。まず、国立大学はどこの大学でもそれほど大きな差がないと言えるが、対照的に私学では大学の規模や経営状況によって、それこそ、本書冒頭のＡ教授とＢ教授くらいの年収格差（３倍）が生まれかねない。また、大学教員になったのが何歳か、前歴が短大・大学専任教員でない場合、その経歴がどのようにカウントされるのか、扶養手当、勤続手当、住宅手当などの諸手当がどうなっているのか、あるいは一時金（いわゆるボーナス）の多寡などにより、差が出てくる。

さらには、学部や大学院研究科の学部長（研究科長）、教務主任、教務副主任、学生主任、学生副主任（呼称は、大学によっていろいろとあるが）などの学部・院の執行部といわれる管理・運営業務に携わったり、新しい組織（学部・院・研究所）などを立ち上げる委員を拝命すると、場合によっては、職務手当という形での特別給が出る場合もある（職務手当は、通常のいわゆる「ヒラ教授」には支給されていない、余分な学内管理・運営業務に対して支払われるモノだとすると、その額が十分かどうかという大きな疑問は、とりあえずここでは触れない）。

筆者の集めたデータで平均年収をあえて一般化すると、だいたい関東圏、関西圏、中部圏

表5　2006年度の主要大手私学教員のモデル年間収入

（単位：千円、百円未満切り下げ）

	30歳 講師	35歳 准教授	40歳 准教授	45歳 教授	50歳 教授	55歳 教授	60歳 教授
関東1	7,474	9,505	11,267	12,731	13,690	13,930	13,962
関東2	7,454	9,454	10,621	11,854	12,811	13,589	13,866
関東3	7,545	9,512	10,917	12,332	13,445	13,926	13,947
関東4	7,693	9,413	10,686	12,547	13,802	14,033	13,974
関東5	7,664	9,707	10,753	12,366	13,366	13,810	13,893
関東6	7,124	8,441	10,294	11,749	12,763	13,149	13,323
関西1	8,028	9,784	11,239	12,342	13,304	13,872	14,198
関西2	7,696	9,381	10,561	12,226	13,358	14,000	14,311
関西3	7,646	9,379	10,904	12,307	13,343	13,870	14,108
関西4	6,598	8,178	9,421	10,681	11,974	12,441	12,467

注：30歳は配偶者と子1人、35〜50歳までは配偶者と子2人（45歳は子2人のうち高校生1人、50歳は子2人のうち、高校生1人、大学生1人）、55歳は配偶者と大学生の子1人、60歳は配偶者のみを扶養家族に見立てて算出。なお、年間収入は、原則として本俸以外の諸手当を含んだ額とした。

などの大都市部大手私立大学∨大都市部大手国立大学∨大都市部公立大学∨他の地方国立大学∨他の地方公立大学∨他の地方私立大学の順番で年収のランキングがあるようだ。

大手私学の中でも、早慶ＭＡＲＣＨ、関関同立の中で青学を除いた06年度のモデル年収平均は、35歳大学准教授で９２７万円、40歳大学准教授で１０６６万円、50歳大学教授で１３１８万円、55歳大学教授で１３６６万円、そして60歳大学教授で１３８０万円程度となっている。

主要私学での具体的な年収は、06年度の数字であるが、表5を参照してほしい。なお、いろいろ取材をした限りでは、これらの数字がボーナス・カットなどで悪くなっていることはあるかもしれないが、良くなった話は寡聞にして知らない。おそらくこれらの諸大学の年収レベルも、現在はこのデータからは少し下降していると予測できる。

公立大では、中部地方の大きな県の大学准教授（約40歳）が年収８００万円程度。国立大教授は、大手の大学院大学や政令指定都市などにあるαレベル大学が高く、40歳前後の准教授で年収８００万円くらいだが、50歳くらいの教授は９００万円前後になり、だいたい60歳を超える教授クラスだと、１２００万円前後まで上がるようだ。

大学教授は儲かる商売か？

このように、大学教員の年収は、大手私学を中心とすると、他の業種と比較しても「低い」とは言えない状況が続いている。まあ、それも年に億円単位で稼ぐ外資系企業社員とか、大手企業の部長クラスとか外務事務次官とかに比べると、はるかに少ない額ではあるが、大手私学の年収だけを見ると、ゼータクは言えないだろう。

ただし、大学教員は、22歳くらいで就職できる学部新卒者とはキャリアパスが基本的に違う。20代後半で専任の職に就ければきわめてラッキーであり、普通は35歳前後でようやく任期付きでない専任職に就く。鷲田小彌太氏は、他の職業よりも10年遅れて就職し、10年遅れて退職するのが大学教師だと述べている。[52] 今や東大、京大（今後65歳に定年がのびる）を除いて、定年は短縮化される傾向にあるし、就職年齢も遅れる傾向にあるため、**むしろ10年遅れて就職し、5年遅れて退職するといったほうが、現状に一致する**。

これまで見たように、その間、奨学金などをもらいつつも、留学したり、バイトしたりしながら、自分に莫大《ばくだい》な教育投資をしなくてはならないのである。とくに文系の学問は、若い時の発想よりも経験を蓄積することが重要になるようだ。たとえば、歴史学などの分野は、年輪を重ねていろいろな本や史・資料を読みこなし、情報の的確な取捨選択ができるようになってから、業績も伸びる傾向にある。たゆまぬ努力を長期間続けるという意味で、学者稼業には根気がいるし、ようやく40歳を超えた頃から、いろいろな活動で若い頃の投資の何割かを回収したり、社会にも還元できたりするようになる（できずに終わる場合も多々ある）ようなケースとなる。後述するように、研究費が大学や基金、企業などから取れなかった場合、情報収集のための費用にかなりの身銭を切らざるをえない。

賃金は〝超平等・年功序列主義〟

大学専任教員の賃金体系の特色は、同じ大学に勤務していて、同じ職位、同じ教歴（経歴）にある者なら、まったく同一の賃金になることにある。この点、国家公務員や小・中・高の専任教員と似ている。賃金体系も通常は完全な年功序列制になっており、採用年度や年齢から計算されて、同じ経歴で同年齢（学年）なら、まったく同一の賃金が支払われる。ベースアップがなくても、基本給は基準表に則《のっと》り、毎年１ランクずつ上がっていく（大学により、たとえば、55歳とか60歳とかの一定の年齢で年収が頭打ちになる所もある。また、学会賞を取るなど顕著な研究活動が認められると、「特別昇給」と称して号俸が１ランク上がる国立大学もある）。

私学の場合、授業担当コマ数のノルマがあり、それ以上のコマを担当した場合は「授業超担手当」という名目で、非常勤講師の半分未満の手当が出る所が多い。ノルマも大学によってまちまちであるが、大手私学でだいたい90～１００分授業を通年換算（年に約30回程度の授業担当）で週４コマくらいが最低限のノルマとなっている（つまり、学期中は、１週間で４回の90～１００分授業を担当しなくてはならない）。

これに加えて、オムニバス形式での年に数回の講義や、院生が授業を取った場合には、大学院の授業を受け持つことになる。なので、私学文系教員の授業担当状況を平均すると、最少4~5コマで、最多7コマくらい（院の授業等があると8コマを超える）だろう。これは、かなり大変である。

国立大は通常、私学に比べるとコマ数のノルマが少なく、旧帝大系で、だいたい通年で2・5~3・5コマ程度で、非常に楽である。場合によっては、院生と学部生の授業を合同で実施し、博士課程の院生が修士課程の院生に修士論文の書き方を教え、修士課程の院生が学部ゼミ生に卒論の書き方を教え……というような好サイクルの授業もあったそうだ。また学生の質というか学習態度も国公立大学ではしっかりしており、私学のように同じ学部内でも付属高校・スポーツ推薦入試組から一般入試組まで、かなりの格差があるということはない。

しばらく前のことだが、αレベルの旧帝大○○大から同じαレベルの旧帝大◎◎大に移った、ある大物学者と話をしていると、笑いながら、「イヤー、○○大から◎◎大に移って、ランクが上がったのはいいけど、授業コマ数が増えちゃってねえ。困ってるよ。昔、2・5コマだったのが、今や3・5コマも教えてるよ！」と話をされて、当時8コマを持たされていた筆者は、一瞬〝殺意〟を感じたこともあった（笑）。教務主任などの大きな役職が付くと、コマ数が減って（あるいは、その分手当が付く）３コマくらいになるが、通常は大学院も入れて6コマ程度になることも、東大の教養学部ではあるようだが。

その反面、驚くべきことには、メジャーな国公立大学の研究所付き専任教員になると、授業ノルマが実質なかったり、あっても1年間で0・5コマ（＝半期に1コマの授業があるだけ）のみだった（！）というような信じられない話もある（ただし、研究実績を出していないと問題視されるだろうが）。北米の大学のほとんどが教育職であるのに対して、研究職のみに専念できる大学教授や研究所付き教授というのは、研究がカレーライスよりも好きな教員にとっては、垂涎《すいぜん》の的であろう。

また私学は年収も少し高いが、ＳＴ比率が国公立大学に比べて格段に悪いし、学生の学習態度も玉石混淆。ゼミもヘタをすると30名を抱える場合もあり、大講義だと受講生が２００名を軽く超えるのが、文系のスタンダードである。さらに、最近の私学はほとんどの大学で推薦入試、ＡＯ入試、指定校入試、あるいは付属高校などからの面接のみの入試で、基礎学力が十分とは言い難い学生も少なくない。その結果、大人数講義では授業態度がお世辞にも良いとは言えず、私語をやめないなど、冒頭のＢ教授の例のような「大学授業崩壊」も見られる。[53]

ともかく大学業界では、教育に力を入れている大学を除いて、通常は教育の良し悪しで、給料やボーナスが決まることはあまりない。今や授業改革（FD＝ファカルティ・ディベロップメント）関連で、学生による授業評価も実施されており、評価の高い授業とそうでない授業などもあるが、北米の大学と異なり、日本の大学ではそれが賃金に反映されることはあまりない。[54]

さらに、研究成果が評価されて、給与レベルが1号俸上がったり、金一封が供与されることも、私学ではあまり聞かない。某私学では、新任教員採用時の面接で、副学長から「博士号を持っていないので、取得するよう」指示があったこともあり、がんばって赴任後に論文博士で学位を取得したものの、「良かったね」の言葉ひとつなく、記念のボールペン1本もらうこともなかったという、トホホな実例がある。

日本の大学の特異性

学会で高く評価される論文を書いたり、学会賞をもらうような著書を刊行しても、それが直接的な経済的利益に結びつかないのが、通常の文系大学専任教員の世界なのである。理系の一部の教員のように、すごい発明、特許、産学共同研究などによって、儲かる（?）ことも文系ではまずない。教育的創意工夫があって、人気のゼミを運営しても、あるいは、まったく人気のないゼミとなっても、給与体系には影響はない。場合によっては、博士号や学術的単著（本）がなくて、学会や業界や社会での一般的評価が高いとは言い難い教員にもかかわらず（なので?）、〝長〟と付く、（一応）管理職を喜々として拝命している人の話も耳にする。ビジネスの世界とは比べものにならないくらいの、〝超平等主義社会〟が賃金面で該当するのが現在の大学業界となっている。

競争原理を持ち込んでいる北米の大学では、学生による授業評価、論文などの学術的業績、管理・運営の学内行政活動への評価などが総合的に判断され、テニュアが取れたり、取れなかったり、あるいは給与ランクが決まったりする。ただし、「苦あれば楽あり」で、北米の4年制大学のテニュア付き専任教員には、「権利」として7年のうち1年間授業をしなくてもよい「サバティカル・リーブ（sabbatical leave）＝特別研究期間」が付く（ただし、この期間中、本務校からの年収は8掛け程度となる）。

このような制度は、日本の大学では必ずしも整っているとは限らない。私学の場合、筆者の知っている限りでは、「サバティカル・リーブ」が各教員に付いている（7年のうち1年分取れる）のは慶應、上智、ＩＣＵ（国際基督教大）に限られる。その他の大学では、各学部とか大学全体で何名分という枠があり、年功序列、年齢、就任年などを加味して決まる。そのため、事情によっては何年も（あるいは何十年も）待たなくてはならない。赴任して20年以上経っても、「特別研究期間」を取得したためしがないという話もゴロゴロしている（ただし、このようなサバティカル・リーブを取っても、本務校からの年収は据え置きで、減らされはしない）。

また、後述するように、学内行政・管理・運営活動など日本の大学の「雑務」は、すさまじい。とりわけ学部入試関連業務は、ほぼすべてが大学「教員」の管轄になっている。これらは、北米の大学なら実質的に「職員」の管轄事項である。[55]

中には、「博士（学内行政）」というような学位があったら、ぜひぜひ進呈したくなるような「職員的な能力」に秀でた方もおられよう（笑）。それはそれで立派な大学教員の生き方（サバイバル）ではある。

専任教員と非常勤講師の違いとは？

雑務（学内行政・管理・運営活動）に話が及んだので、大学の専任教員と非常勤講師の差についても触れておこう。

繰り返しになるが、水月昭道氏は、8万部を超えるベストセラー『高学歴ワーキングプア』の中で、専任教員と非常勤講師の年収格差問題を鋭く論じている。同じコマ数の授業を担当していても、年収レベルで片や600万円に対して片や200万円。学会参加に関わる経費も、専任教員はある程度大学から支給されるのに対して、非常勤講師は一切支給されないなどの問題である。[56]

たしかに、非常勤講師料はどの大学でも制限があり、学部担当か大学院授業担当か（院の授業のほうが高いところがある）、あるいは年齢によって手当が変わる（上がれば増える）等の細かな違いを除くと、だいたい週に90分～100分1コマの授業を実施して、月収額面2万5000円～5万円弱程度である。私学の場合は、1学期（6ヵ月間）授業をすると、授業のない休暇中も手当が出る（たとえば、春学期＝前期に1コマ授業を担当すると、4月～9月まで6ヵ月間毎月手当支給）のに対して、国公立大学は1回いくら、という感じで、授業回数に応じて支給されるようだ。

いずれにせよ、年収にならすと、週1の授業を1年間担当しても、30万～60万円弱程度にしかならない。大学によるが、平均的な文系教員のノルマを通年4コマ以上で計算すると、非常勤講師なら4コマ授業を担当してもおよそ120万～240万円弱なのに対して、専任教員は300万円以上にはなる（さらに、年功序列のために年齢が上がり、専任教員は勤続年数が長くなればなるほど、年収は上がる）。

無論、非常勤講師たることのメリットもないワケではない。会いたくない人には会わずに済み、教授会をはじめとする各種会議や学内行政・管理運営活動（ヘタをすると健康を損なうくらいの量になる）にはまったく関わらずに済み、教育活動のみに専念できる。

実際、資産や副収入や配偶者による十分なサラリーがある場合は、同じ大学教師でも専任教員よりも非常勤講師のほうが、精神面でも肉体面でもはるかに余裕のある暮らしができよう。さらに、雑務がなく、教育およびそれに関連する研究活動のみに従事できるために、研究業績の量と質双方で専任教員よりも優れている非常勤講師の方もいる。たとえば、持ち家があり、現金で1億円以上の金融資産があるならば、早く引退して非常勤講師として教えるくらいに留めてのんびりしたい！　そんな大学専任教員がいてもおかしくはない。

その一方で、富裕層に属しておらず、いろいろな大学を掛け持ちで教え、非常勤講師料のみで生計を立てる、いわゆる「専業非常勤講師」の過酷さは十分理解できる。[57]しかし、授業などの教育面だけに焦点を当てると、「同一労働・同一賃金の原則」に反しているように一見見えるが、実際はそうではない。

まず、非常勤講師は、採用時以外には研究業績をチェックされることは通常ないし、大学のウェブサイトなどで公表するような義務もない。専任教員の場合、研究業績の多寡や質の良さがダイレクトに給与に反映することはあまりないものの、助教・専任講師から准教授への昇格、あるいは准教授から教授への昇格時には、それらがきわめて重要な要素となる。あるいは、同僚間や業界内での懇談でも、「なんだかんだいっても、あの人は業績がないから」ということで、評価面では高くならないこともある。

次に、教育活動ひとつとっても、非常勤講師の職務は、その大学での教育（授業準備と採点などの成績評価を含む）のみであるのに対して、専任教員にはより重い負担が課せられている。たとえば、どんなに大きな大学でも、学生による討論や研究発表を中心とする演習形式の授業（ゼミ）が開講されている。このゼミは通常は、専任教員のみが担当することになっている（そうでない大学はアヤシイと言わざるをえない）。

ゼミの開講・運営は専任教員のみに任された大仕事である。とくに最近の学生諸君は何から何まで、かなり手取り足取り教えないといけないので、ゼミを通じて、ごくごく基礎的なスタディ・スキル（ノートはこうやってとりましょう！）とライティング・スキル（レポートはコピペばかりだと剽窃《ひょうせつ》になりますよ！）を教えるのは、基本である。学生生活全般についての指導から始まり、場合によっては保護者への面談、学生が不祥事を起こした時の対応策や就活指導まで、多種多様な学生に関わる問題もゼミ単位での対応となる。[58]今や大学の入学式や卒業式に、保護者が付き添うのが当たり前の時代なのである。保護者からのクレームや相談事もまずは、ゼミ担当専任教員の責任となる。

ここで、非常勤講師から昇格して、専任になった女性研究者の事例を見てみよう。

採用ポイント15　子育ての後、博士号

W氏の経歴はかなり変化に富んでいる。移民として北米で幼少期を過ごしたこともあり、英語はネイティブ・スピーカー並みのレベル。両親のご都合で、思春期に帰国後は語学教育で有名な都市部αレベル大学に進み、その後大学院修士課程ではフランス語や地域研究を学んだ。その間、仏語系大学にも1年間留学し、仏語もほぼ英語並みに習得している。

修士号取得後は、地元のZレベル大学およびその短大部で非常勤講師などをしつつも、大学時代の先輩と結婚して2人のお子さんを育てた。非常勤講師を務めていたこの大学

からは、「ぜひ専任教員に！」という誘いもあったが、W氏は配偶者の仕事の関係などもあり、断っている。

彼女のすごいところは、子育てもしつつ、日本国外務省某在外公館で専門調査官の仕事を3年間勤めた点にもある。その間、ご主人は日本でひとり暮らしだったようで、いわば〝逆単身赴任〟である。専門調査官として勤務中も報告書や論文などを書き、帰国後は母校と都市部Zレベル大学で英語科目などの非常勤講師をしつつ、母校の大学院博士課程に入学する計画を立てる。子育ても一段落しアラフォーになってから、母校で社会言語学を学び、見事に博士号を取得。その課程博士論文を書き直し、単著学術本としてまとめている。

これまでに共訳での翻訳や論文、報告書など、着実に業績を積み重ねてきたほかに、いろいろな大学における英語科目などの非常勤講師としてのキャリアもあり、彼女にとって専任教員への就活はそれほど大変ではなかった。非常勤講師をしていた先のZレベル大学が公募で専任教員を募集した時も、W氏は〝本命候補〟だったようだ。教授会での承認もクリアし、現在はその大学で准教授として活躍している。勤務校は、彼女の専門分野ではかなり有名な大学である。家からも近く、家庭生活との両立も可能だろう。

専任教員と雑務の嵐

ここで非常勤講師の分掌範囲に絶対ならない、より大きな問題（＝雑務）を特筆したい。それは、これまでも書いてきた大学行政、つまり大学全体の管理・運営問題である。これは場合によっては決してバカにできないほどの時間・労力・創意工夫が求められる。

まず、役職や委員に就いていない大学専任教員でも、学部（あるいは大学院研究科）教授会に当たる会議が必ずある。教授会が、採用・昇格などの人事案件から予算配分、入試の合否判定、在学生の卒業判定、カリキュラムなどの教務マター、さらに学生問題への対応まで、すべてを決定する最も大事な会議となる。国公立大学は無論私立大学も、理事会（長）独裁型でない限り学部（大学院研究科）自治の鉄則が通常なので、教授会で決めた案件は、他学部やあるいは大学全体の最高議決機関（大学評議会など）でも覆すことが難しくなる。

学部教授会は、およそ年に12回くらい実施され、専任教員は全員参加することが一応義務づけられている。大学院研究科委員会と教授会組織が別の場合は、同じくらいの回数で、院の教授会に当たる研究科委員会が開催される。教授会も議題が多く、なおかつ、学生あるいは教職員の不祥事など、やっかいで突発的な問題が生じると紛糾することがある。筆者がこれまでに実際経験したある教授会では、15：30スタートで、終わったのが23：30頃。8時間あまり、ほとんど休憩ナシだった！

学部の最高議決機関である教授会以外にも、自分の所属している学科、領域、講座、研究室などが開催する細かい会議があり、そこでは教授会に提出すべき原案の作成が求められたり、あるいは大学や学部からの要請に応えたりするような議案がある。すでに見たように、人事案件もまずはこの小さな単位で話し合われ、合意を得ることからスタートする。その他に、大学には大小さまざまな委員会があり、ヒラの専任教員でも何らかの委員会に毎年属して、会議に出席することが義務づけられる。

ためしに、某キリスト教系私学のおもな「大学規模」委員会を列挙してみよう。

教務委員会、学生委員会、大学評議会全学選出評議員選挙管理委員会、大学自己評価委員会、国庫助成委員会、キャンパス委員会、研究推進社会連携機構評議員会、共同研究委員会、個人特別研究委員会、大学叢書委員会、外国語紀要委員会、教育課程委員会、スポーツ科学・健康科学教育プログラム室運営委員会、生涯学習委員会、障がい学生支援委員会、オープンセミナー運営部会、エクステンションプログラム運営部会、学生会館運営委員会、自動車・バイク問題対策委員会、学生支援センター委員会、スポーツ・文化活動支援強化委員会、入試委員会、高等部推薦入学協議会、国際教育・協力委員会、大学外国人留学生奨学金委員会、大学院外国人留学生奨学金委員会、国際教育プログラム室運営委員会、キャリアセンター委員会、キャリア教育プログラム室委員会、大学新構想委員会、評価推進委員会、大学図書館運営委員会、大学特別図書選定委員会、高等教育推進センター教育力向上(FD)専門部会、高等教育推進センター情報通信技術(ICT)専門部会、情報システム会議常設運営委員会、言語教育センター評議会、教職教育研究センター評議員会、人権教育研究室評議員会、人権教育研究室人権教育プログラム委員会、宗教主事会、こどもセンター運営委員会、保健館運営委員会、宗教活動委員会、人権教育研究室、大学生協理事会、大学評議会、キリスト教主義教育委員会……

以上のような感じである。このリストに驚いていてはいけない。

これに「所属学部(and/or 大学院研究科)内」の楽しい(?)雑務が待っている。某学部においては、学部の執行部ともいえる学部長室委員会の他に、監査委員会、人事委員会、入試実行小委員会、学部自己評価委員会、カリキュラム委員会、言語教育部会、留学部会、国際交流部会、ＦＤ委員会、研究会運営委員会、紀要編集委員会、図書委員会、資料室委員会、チャペル委員会、人権問題研究委員会、入試検討委員会、広報委員会、就職委員会、システム管理委員会があり、各教員とも必ず、このうち6〜10くらいの分担が回ってくる。

学部長になると、学期中週に3日間（各日平均8時間）くらいは会議やら打ち合わせやらに完全に縛られると考えたほうがよい。学部内の役職である教務主任、教務副主任、学生主任、学生副主任でも、平均すると、週に1日半（12時間）くらいの会議時間やら打ち合わせやら書類作成やらがある。アカハラやセクハラなどの教職員の不祥事、犯罪などの学生の不祥事、突発的な事故や事件が起こると、東奔西走するのは、まさに学部長やらこれら執行部の四役ということになる。トホホ。

これでも、実験・実習などをともなわない文系学部は、まだまだマシなほうらしい。東工大教授だった今野浩氏によると、法人化前の同大学には３００の委員会があり、それを60人くらいの准教授・教授で手分けすると、1人5つくらいの委員を拝命していたようだ。今野氏は定年後、私学の中央大理工学部に移ったが、同大学では役職付きでないヒラの教授が担当する委員数は東工大よりも5分の1に減ったものの、仕事量は「殺人的」になり、私学独特の広報宣伝活動強化のために、高校生のためのオープン・キャンパス（大学説明会）での講義や高校への出前授業も沢山あるそうだ[59]。

大学入試というユーウツ

さらにもっと特筆しておきたいことは、大学入試業務である。大学院入試業務もあるが、旧帝大や筑波大、一橋大、東工大、神戸大のようなαレベル大学院大学でなかったり、大学院生数が多くないと、大きな負担とはならない。ところが、学部入試はまったく話が違ってくるのである。

80年代初めまでは、東工大では、一般の専任教員が関与する（やらされる）入試業務は、一般入試、大学院修士課程入試、大学院博士課程入試、それと79年にスタートした共通一次試験のみでよかった。それが少子高齢化、世間の圧力、文科省の方針転換などがあり、90年代から大学入試が多様化した。前期一般入試、後期一般入試、（帰国子女のための）9月入学入試、留学生入試、推薦入試、修士課程の推薦入試と一般入試、博士課程の一般入試、社会人博士課程入試、などなど13種類の入試があるとのこと[60]。

私学でも、やはり10種類を超える入試関連業務がある。入試業務といっても、誰もができる簡単な業務から、より難しい神経をすり減らすものまである。前者は、筆記試験用答案用紙の配付・回収や監督業務等で、単純作業である（が、居眠りするような不届き者もたまにはいる。大学によっては「外注」するところも出ている）。

問題は、後者に当たる業務、すなわち英語・国語・数学・社会・理科などの受験科目の問題作成と採点業務である。問題作成業務は、非常に労力と時間がかかる。高校の授業範囲などを加味しつつ、受験科目間で大きな差異が出ないように配慮しつつ、難しすぎず、易しすぎない問題を作成しなくてはならない。問題作成チームに入ると、チーム代表の指示に従い、何日もかけて、練りに練った問題を提示し、それを討議し合い、まとめ、見直し、そして、最後の校閲まで、漏洩《ろうえい》がないよう細心の注意を払いながら、作業に邁進《まいしん》する必要がある。

さらには、マークシート方式であれ、記述式であれ、解答例および問題の講評を公表するための仕事にも熱心に取り組まなくてはならない。問題・解答例なども、受験生はもちろん、その道ではプロの各種予備校や塾の先生方が、鵜《う》の目鷹《たか》の目で精査するので、きわめて大事なのである。

とくに英語科目などの出題・採点委員になると、筆記試験の採点で、数日〜１週間くらいは朝から晩まで丸々つぶれる。法政大学のかつての英語入試では、１万枚以上の答案をわずか4日くらいで採点しなくてはならなかったという記録が残っている。[61]解答例やその講評の作成、その後の予備校への対応などなど、まさに本業以上に正確で緻密《ちみつ》な作業が求められよう（まあ、その分、手当はそれなりに出るようだが）。

たとえば、「自業自得」とはいえ、「奇問」を出題してしまうと予備校からバッシングされることも覚悟しておかねばならない。２０１１年2月の京大前期入試の化学の問題は、駿台予備校からの評価として、素人目からもチェック体制の甘さがわかるとの指摘があり、「生徒の未来がかかっているので、どうかしっかりチェックした問題にしてほしい」とまで「酷評」されている。[62]予備校の教師も、プロとして大学入試に取り組んでいるわけであり、その批評に耐えうる問題作成が求められよう。

入試といえば記憶に新しいところでは、同じく２０１１年2月の京大前期入試での、浪人生によるカンニング行為の発覚である。大学側の監督業務の不備も、一部メディアでは批判され、京大総長の「試験監督体制は万全」発言にも、多くのクレームが寄せられた。[63]このようなことが起きるたびに、おびえるのはマジメに試験監督を務めている専任教員である。必ず、再発防止のための監督者数の増加、監督回数の増加、試験中の巡回などのチェック事項等々、監督業務の強化につながるからである。学部入試にまったくタッチしないで済む北米の大学教員が、うらやましくてしようがない！

雑務が専任教員の本質？

以上見てきたように、大学では非常勤講師に求められる教育関連業務以上の時間や労力を研究活動のみならず、雑務（大学行政・管理・運営業務）にも振り分けることが、専任教員には要求されており、それに費やすさまざまな資源はバカにできない。

たとえば、とある大学で新しい学部を作ることになり、数年間かけて文科省などとの折衝を経て、めでたく学部が誕生したが、その学部設置関連委員を拝命したある先生が、毎月数万円の学部設置委員手当を時給換算したら、１時間当たり約２００円になったという、かなりトホホなリアル・（ホラー）ストーリーも存在する。

先ほどの今野浩教授によると、ヒラ教授の時間配分は、全体を１００とすると、研究35、教育20、雑務30、社会的貢献15としている。森博嗣氏（元名古屋大学工学部助教授。ミステリー作家として有名）によると、助手は時間の９割、助教授は４割、教授は１割を研究に費やせるとのこと。また、助教授時代の森博嗣氏の場合は、教育が１割で雑務が５割だったと述べている。[64]

一介の私学文系ヒラ教授である筆者の感覚では、（社会的貢献と研究活動を一緒にして）研究10、教育40、雑務50である。研究活動などなしで、**雑務と教育だけで大学教師人生が終わってしまってもおかしくないのが、現在の文系教員の実情だ。**雑務が大学人にとって占める割合は、そのくらい大きくなっているといえよう。これはまた、今後、専任大学教員をめざす人にとっても大事な要素となる。このようになると、雑務により研究活動が阻害されたり、あるいはワーク・ライフ・バランスが崩壊し、プライベートが犠牲になったりする事態も多々起こりうる。

以下に、行政能力（雑務処理能力）が一大要因となった採用人事例を2つ続けて挙げることにする。

採用ポイント16 雑務処理能力

ＸＹ氏は会計学を専門とし、世代的にはアラフィフである。とても明るく、人なつっこい性格で、雑務処理能力（行政能力）が高い。ＸＹ氏は、βレベルの都市部大学で、会計学を学び、大学院博士課程まで進んだ。その大学は会計分野で有力であり、公認会計士合格者数でも全国トップ10に入るくらいのレベルだった。

卒業生や大学院修了者でも多くの会計関係の教員を生み出していたし、XY氏が指導教授に加えて、他の教授からもいろいろな指導を受けていたのが役立つ。80年代における会計分野での大学教員市場はまだまだコネが効く時代であった。博士課程を修了するころ、指導教授ではなかったものの面倒見の良い同門の会計学の教授が、同じ地域にあるZレベルの大手私学短期大学部の専任講師の話を持ってきてくれた。単著論文が3本、共著論文が1本あったXY氏は、27歳の若さでこの短大へ専任講師として赴任する。

フットワークも軽く人づきあいも良いのが、XY氏の強みでもある。恩師や先輩などからもいろいろな研究会やテキストを含む共著の執筆に誘われるようになり、短大在籍中の9年間で、累計16本もの学術論文（共著含む）を発表し、テキストを含む共著本を14冊も出している。

さらに、母校とのつながりも大事にしているXY氏に、30代半ばになって大きなチャンスが到来した。母校がXY氏が研究している分野の新規教員枠を作り、学内で人事委員会が立ち上がったのである。強く推してくれる有力教授もいて、無事母校に助教授として戻ることになった。その際、XY氏が院生時代に雑務を厭《いと》わず、いわゆる「使いやすいタイプ」だったことも評価されたようだ。母校では、大学規模での行政職に就くチャンスもあり、その面でも才能を発揮して、大活躍している。

なお、会計学分野では、国内大学院では、専任教員を多く抱える一橋、神戸、早稲田、中央、慶應、さらには同志社などが強いようだ。さらに、まだまだ北米などでのPh.D.取得者が少ないために、日本の大学とか大学院修士課程を出てからメジャーなアメリカの大学院でPh.D.を取得すると、かなり有望らしい。会計基準が国際会計基準という形で、グローバル・スタンダード化しつつある現況においては、英語がわかる、つまり英語で情報が取得できる研究者が求められてきているようだ。

採用ポイント17 社会人時代の経験＋雑務処理能力

政治学と社会学の接点分野を専攻するQ氏は、経歴が面白い。都内のメジャー公立高校から「横綱」大学に進学したQ氏は、国際政治経済関係のゼミに入り、そのまま大手シンクタンクに研究員として採用された。シンクタンクでは、多種多様な報告書を書き、委託研究に従事したほか、27歳の時に、アイビーリーグ大の大学院修士課程に留学するチャンスを得た。そこで国際関係論分野で行政学修士号を取得したQ氏は、10年あまりシンクタンクでの仕事を続ける。留学先でいろいろな日本人留学生とも知り合いになることができ、そのコネなども、その後活きてくることになる。

30代半ばを迎え、シンクタンクでの仕事にマネジメント的業務の比重が増え始める頃から、大学教員の道を模索し始めた。シンクタンクを辞し、３年ほど「高学歴ワーキングプア」的な生活を送る。豊富な人的ネットワークを活用して、他の研究所の客員研究員や北米の大学の客員研究員などを歴任。その間、学会にも加入し、新書を単独で一冊仕上げ、また一般誌に国際問題のコラムを持つなど活躍していた。ただし、独身とはいえ年収は平均して２５０万円以下だったので、やはりそれなりの大変さはあったかと想像する。

大学の専任教員としてQ氏に声がかかったのは、シンクタンク退職後1年半ほどしてからの90年代半ばであった。都市部にあるZレベルの短大が4年制大学に衣替えするために、教員が必要となったのである。最初は国際経済分野での教員内定者がいたものの、設置審の教員業績審査で落ちたために、急遽差し替え人事が必要となった。知り合いの教員を通じて「誰かいい人いませんか？」との連絡が入り、Q氏に白羽の矢が立った。

理事会が強いタイプの学校法人であり、大学開設時の特殊事情もあって、人事決定権限は、理事長および副理事長（学長予定者）にほぼ集中していた。急にセットされた「採用面接」も問題なく成功。シンクタンク時代に出版した本や報告書なども評価され、文科省の審査にも通り、Q氏は晴れて、36歳にしてその私学の専任講師になった。

その後、順調に教授まで昇格。その間、勤務校で大学院修士課程を設置するための雑務を見事にこなすなど、大学当局からは行政手腕に一目置かれる存在となった。さらに、留学時代の同級生を通して知り合った友人から、βレベルの都市部大学学部新設にともなう移籍の話が持ち込まれた。

Q氏の強みは、頭脳の明晰《めいせき》さに加えて、豊富な人的ネットワークやZレベル大学で培った行政（雑務処理）能力のほかに、生来の温厚な性格から来る、人づきあいの良さでもある。また、英語にも堪能であり、Z大学での教育面での熱意や創意工夫も知られていたし、実際、英語での講義科目を教えることもできた。長年の研究業績を単著学術本としてまとめたことも、プラスに働いたのは間違いない。

移籍先の大学では、英語による留学生向けの政治社会学関係授業も担当するという多才な能力を発揮した。そして、数年来の研究をまとめたその単著本で、論文博士号も取得するのであった。

パーフェクトな逸材はまれだ！

筆者が国内外の同僚・仲間と日本語と英語の両方でざっくばらんに話をしていて、シミジミと感じるのは、**大学人には、ワーク・ライフ・バランス面も含めてパーフェクトな逸材は、残念ながらなかなかいない**ということだ。「教育活動・研究活動（社会貢献含む）・雑務（学内行政活動）満点、人柄温厚、家庭生活円満」が望ましいのは言うまでもない。しかし、はっきり言って、それはないモノねだりであろう。カナダの大学の学部教育を取り扱ったある実証的研究によると、教育活動と研究活動の両立はきわめて難しく、どちらかを重視すると片方が犠牲になると論じられている[65]。

筆者自身のこれまでの見聞や経験からも、この5つのうち、うまくいくのは、せいぜい3つくらいだと感じることが多い（また、年度によって、非常に大変な役職を拝命したので、研究活動が全然できなかった時期もある。反対に、在外研究などで研究三昧の年度になると、一気に研究成果が出てくることもある）。２つくらいは、どこか完璧でなくても良しとしないといけないのではないか？

プライベート・ライフといおうか、家庭生活も大切である。90年代初頭に、ある国立大学助教授によって書かれたエッセイでは、民主主義的経済学者で外面は温厚なP教授が、家庭内では「暴君化」している光景がいきいきと描かれている。「何だこのオカズは？」の言葉とともに、P教授がちゃぶ台を文字通りひっくり返す。P教授夫人が泣きながら散乱した食物や皿を拾う。彼女が「（P教授は）言うこととすることが違っているんです」と述べるシーンは圧巻である。家庭内では人格が豹変《ひょうへん》する（破綻している？）典型例であろう。さらに、もしも5つが満点のウルトラ・パーフェクトな専任教員がいても、健康を害するかもしれない。平均寿命に達せず、逝去してしまってもおかしくないだろう。[66]

採用ポイント18　ほぼパーフェクトな人物

人生半ばを過ぎると、いろいろな意味での自分の限界もよくわかるようになる。上には上が沢山いるし、やりたくない学内雑務などで思うように時間が取れない時には、研究中心の大学教員だと、アセリを感じることもあろう。その反面、ほどほどのペースで仕事をこなしていかないと、難しい時代にもなっていく。

繰り返すが、パーフェクトな大学人というのはほとんどいないし、みんなどこかしら弱点を抱えて、悩みつつも、それでも、生きているのである（筆者はもちろん、特段妻に指摘されなくても、自分が欠点だらけの大学人だという自覚だけは、一応ある）。

ただし例外的な能力の持ち主も、時にいることはいる。筆者の友人の中で、Ｎ氏ほど、教育・研究・雑務・さらには性格が良くて、家庭生活においても、〝完璧に近い〟大学人は見当たらない。そして、Ｎ氏を見るたびに、「努力すれば報われる」という格言を思い起こさざるをえない。普通の人はＮ氏にはとうていなれないが、１人の〝ロール・モデル〟としてとらえることができる、「秀才」だと評価できよう。

Ｎ氏はαレベルの大学法学部で政治学を学んだ。卒業後は、政府関係の仕事を恩師の薦めで得ている。その仕事が法律と政治の交わる、実務的でなおかつシンクタンク的要素も持つ仕事だったために、通常なら知りえないような細かい法務的知識も習得することができた。東京での勤務であったが、23歳で同郷の女性と結婚。その後、４人のお子さんにも恵まれており、現在アラフィフである。

転機は、その実務的な研究職から、地元の高専に専任講師として28歳で移った時に始まった。その高専では社会科科目を担当しつつ、独学で研究を始め、高専発行の紀要などにも論文を発表。単独で科研費まで取得している。

さらに、30歳を越えてから週に1度の自宅勤務日を活用して、母校の大学院修士課程に通い始めた。きわめて優秀なN氏は、1年で修士号を取得する。それのみならず、これまでの研究成果を包括的にまとめた法と政治に関する単著研究本を発刊して、修士号取得後の翌年（！）に母校から博士（法学）の学位を得ている。

学部時代からお世話になっているN氏の恩師は政治学のある分野でかなりの大家であったが、90年代半ばに最初の大学へ就職する際には、その恩師のツテではなく公募で決まったようだ（それまでに、博士号を取得した単著本1冊のほかに、レフェリー付き論文を含む学術論文も10本以上あり、業績的には文句なしだったろう）。最初の勤務先は、Zレベルではあるものの、経営的には安定した都市部の私学であり、30代半ばでの専任講師就任となった。

その後の活躍もめざましい。このZレベル大学での勤務中、1年間の在外研究を英語圏の大学で送り、英語力もブラッシュ・アップしつつ、引き続き多くの論文を発表。10年ほどの勤務後は、やはり公募で、βレベルの都市部大学院研究科増設にともない専任教授として移籍した。無論、彼くらいの業績があったら誰も文句は言えない。博士号を院生に授与できる博士課程㊀教授としての文科省設置審査にも軽々とパスしている。現在の勤務校であるこの大手有名大学では、雑務をうまくこなしつつ、近くのαレベル旧帝大博士課程に入り直し、そこから課程博士号を取得し、ダブルドクターにもなっている。

現在までに、単著研究本（大著）を３冊も発刊。そのうちの１冊は学会賞も獲得。論文数は全部で30本ほど。科研費獲得回数４回を誇る。彼の研究活動が本格化するのは30歳を超えてからであり、しかも最初は独学で、法政分野なのに「横綱」大学出身の恵まれた環境からではなかった。

まさに努力の人である。人とのつながりを大事にすると同時に、良き家庭人としてお子さんを立派に育てている。彼をずっと支え続けた奥さんも立派である。誰もが彼のようになれるわけではないものの、社会人出身の研究者としても、〝ロール・モデル〟にしたい人物である。

研究費などの諸問題

理系の研究者と話をしていると、「文系の研究者は紙と鉛筆があればいいから、いいよねえ」などと言われる。実際は、文系でも、「紙と鉛筆」だけでは研究は不可能なのは言うまでもない。

分野にもよるが、膨大な図書資料、情報、データベース、フィールド・ワークなどが、論文1本を書くのに必要になる。ちなみに欧米の主要大学だと、今や図書館の蔵書やデータベースがしっかりしているので、自分の〝持ち出し〟はある程度抑えられる。また、インターネットが普及する前と後では、入手可能な情報量には隔世の感があるも事実だ。

ところが、いまだに所属大学の図書館や支給される研究費や学会出張費だけでは、お金が足りなくなるケースがしばしばある。実際の所、大手私学では、自由に使える個人研究費や学会出張費がだいたい30万〜55万円である。国公立大の文系の場合はかなり幅があり、20万〜100万円くらいとなっている。所属学会が1つだけならまだしも、多様な学会活動をしていると数十万円程度だとすぐにアシが出るので、その分はポケットマネーからとなりかねない。

無論これだけでは十分な図書やその他の資料を収集することができない。そのために、①大型科研費などの学外研究費を取る、あるいは②身銭を切って充当する、というどちらかの方法をとらなくてはならない。とくに、②はしばしば起こりうる状況である。某大家（政治学者）によると、１冊の優れた学術的単著本を書くのに、「都内で家一軒建てる」のに必要なくらいの自己資金を使って、データを作成したという、すごい話もある。[67]

また筆者が、生前親しくさせていただいた、某地域研究の大家（歴史家）は、対象地域に関する外国語文献については、日本では実は自分が一番所有していることを打ち明けてくれた。「前任校にいる時から別の大学に移ることを考えていたし、この分野の文献は日本の大学図書館ではまったくあてにならないので、当該地域に出張したり在外研究するたびに意識してできるだけの文献収集をした」と明かしてくださった。このように、やはりそれなりの成果を挙げるには、身銭を切ってでもコツコツと若いうちから文献やデータを収集しなくてはならないようだ。おそらく、収集のための費用は軽く１０００万円を超えているだろう。

研究に関して、ドケチだとなかなか成果を挙げるのは難しい。

日本の大学図書館所蔵の図書については、国立情報学研究所の Webcat や Webcat Plus を調べるとだいたいわかるし、邦語文献については、国立国会図書館がほぼ網羅的に持っているハズだ。[68] だが、筆者の専門分野である戦後のカナダ政治・外交関係については、これらにあたってみても見つからず、基本的な本が国内にないという場合がしばしばある。とりわけ50～80年代に発刊された古い本については、時には、トロント大学付属図書館にしかないということすらありうる。

今後は図書資料などのデータベース化や、所有する本や資料の電子化によって、収納スペースの問題はかなり解決される見通しがある。ただし、専門や分野によっては、まだまだ身銭を切って「自分の書庫」を作る覚悟も必要だろう。

でも好きなことでメシが食える

このように、大学教員職というのは、世間での「幻想」に反して、牧歌的なモノでは決してなく、場合によっては超多忙になり、かなり身銭を切ったり、ワーク・ライフ・バランス面など、多種多様な犠牲や奉仕によって成り立っている。また、とくに私学を中心に、専任教員は年々歳々厳しさを増す日々の雑務に忙殺されていることも、おわかりいただけたかと思う。にもかかわらず、大学内外の「改革」や「情報公開」の圧力もあり、業績を重んじる風潮はますます高まっている。

まったりと悠久《ゆうきゅう》の時の流れに身を任せつつ、5年計画で珠玉（自称）の紀要論文1本を仕上げればメデタシ、メデタシという時代ではなくなってきているのである。今や、30年前とは事情がかなり違うのだ。実際、川成洋氏の『大学崩壊』（宝島社、２０００年、11～12

頁）によると、１９８０年の全国の大学・短大専任教員に対する文部省のアンケート結果が、過去5年間に学術論文を書いていない教員が25％いたことを暴露した！　という。

されど、一般企業や官公庁との一番大きな違いもまだまだ存在する。なんといっても、大学教授職は通常自分の好きな研究（教育）でメシが食えるという、大きなメリットがある。まさに、作家の村上龍氏が主張するところの、好きなことを直接活かす、あるいは好きな教科から職業を選択する、という意味では、大学教員ほど恵まれた職場はなかなかない[69]。

また〝自分の時間〟も、他の業界と比べるとはるかに多い。そもそも、文系の学問で、日本社会や国際社会と関わっている分野は、一見関連しないことが授業や研究面で活きてくる場合も多い。そのためにも、自由裁量の時間がぜひとも必要になる。現在取り組んでいる課題に対して、散歩中とか、講義の合間、あるいは休み時間中も、つねに頭の片隅で考えている研究者は多かろう。自由な発想は、自由な時間・環境から生まれやすい。

冒頭のB教授が勤務する一部の私学のように、教員による毎日出勤を義務づけ、タイムカードを押させて管理するところもあるが、それを除くと、自由時間という何物にも代え難い時間的余裕を得られる職業である。

学生対策についても、昨今は保護者も学生自身も10年、20年前には考えられないほどの

「お世話」体制を大学側に求めるようになってきている。[70]大学生の学力低下・知識不足、それにともなう「大学の高校化」の事例も散見される。大学によっては、クラス担任制度や高校のホームルームみたいな制度を導入している所もある。さらに、学生の不祥事には、大学の教員や広報課職員などがきめ細かく対応しなくてはならないご時世でもある。

にもかかわらず、まだまだ小・中・高の教諭と比べると、学生に対する面倒見は、「完全な管理」状態ではない。学生自身も通常、大学教師にきつい「管理」を求めないし、その点では、やはり義務教育や高校教育とは状況がかなり異なる。つまり、教えることをあまりにも嫌うと大学教師になるのは難しいものの、管理教育とは別個の教育体制への適応がカギとなる。

大学教育は、文科省認定の学習指導要領があるわけではなく、個々の学生に対して、いわばオーダーメイドの教育をする必要が出てくる。学生は、成人あるいは成人間近の大人であり、その意味で大変だが、面白い面もあろう。

ここまでお読みいただいた読者諸氏は、大学の採用制度やらノウハウについておわかりいただき、さらに、大学市場の特色や今後の動向についても、情報を得たかと思う。大学内部

（ウラ）事情から見た特徴にも気づかれたハズである。

ということで、牧歌的モラトリアム時代が終わった21世紀の大学で求められている「大学人像」が、かなりクリアに見えてきたのではないかと期待したい。

第5章 失敗ケースにも学ぶ就活術

21世紀に大学教授になる方法

本章では、これまでの議論のまとめとして、採用サイドから見た時、大学教員になるのに難しいタイプを指摘してみたい。

その前にまず、次頁の表6をご覧いただきたい。あえて単純化して、とくに80年代から90年代前半までの大学成長期における大学教授と、これからの大学教授の特徴を抽出してみた。大学教員市場が、様変わりしたことがおわかりいただけると思う。

ひとつの極論ではあるが、日本の大学教員市場を「衰退産業」としてとらえた場合の特色が浮き彫りになろう。一言で言うと、これまではいろいろな意味で「専門バカ」的で社会との接点もあまりない学者タイプ・研究一筋型の人材が求められてきたが、21世紀に入り、今

表6　大学教員市場の変遷

主に80年代までの大学教授の特徴	21世紀型現在の大学教授の特徴
最初からテニュアつき。	任期付きの場合もある。
採用はコネが中心で、転出は比較的少ない。	採用は公募が中心で、転出などの移動が比較的多い。
専門一筋で、ずっと決めたテーマを追いかけるタイプが多い。	多才で、多様な科目が担当でき、専門分野も多岐にわたる。
教育力はあまり問われない。	教育力もとても重要。
語学力は読解が中心。	語学力は読解のみならず、スピーキングも重要。特に、英語能力が必須な分野もある。
ゆったりとしたライフスタイル。	多忙なライフスタイル。
雑務の量や質は少ない。	雑務が増えているので、ある程度の行政能力も求められる。
社会との接点があまりない。象牙の塔にこもるイメージ。	社会との接点が多い。象牙の塔から外に出ている。
大学は成長産業。	大学は衰退産業。
大学の国際化が遅れている。	大学の国際化が進展しつつある。

出典：本書での議論をもとに筆者が作成。

後は、多様で多才なスペックを持ち、教育力があり、行政能力も備えた人材登用へと大学教員市場が移りつつある。

そこでは、「コネ」ではなく、「純粋公募」による実力主義の教員採用も増えていくだろうし、「国際化」ということも、大学教員スペックの多様化・多才化とともに、さらに大事な要素となっていくと思われる。続いて、まとめとして以下に、筆者が考える大学教員就活で、失敗しそうなケース（A～R）を説明していきたい。

Ａ　需要のない分野で職を求める

看護学分野での教員の需給バランス問題については本書で触れた。日本語での教育という点から、需要があるのに、供給が足りない分野は探せばほかにもあるハズだ。

一方で、数年に１名分（あるいは10年に１名分とか）しか、大学教員の募集そのものがない分野もある。あるいは、すでに廃《すた》れてしまって、今後の就活がまったく望めない分野すらあるだろう。たとえば、政治学関係では、思想・哲学は今後就職が難しくなるだろうし、歴史学系も微妙だ。あえて印象を列挙すると、「少子高齢化、国際化、災害対策、安全、情報、政策、看護、社会保障、六法、実学系」などは、今後の世代交代を控える大学教員市場でも、キーワードとなっていくだろう。

語学科目も英語で日本語教育ができるとか、英語に加えて中国語やスペイン語もＯＫ（話す能力を含めて）といった多才さは売りになる。反対に、学生のみならず日本社会全般の文学離れからみると、「アメリカ文学の□△作家研究一筋でやってきました！」というような、90年代前半までなら「売り」になったことが、売りにならなくなっていると予測できる（まだ、教育学＝ＴＥＳＯＬ〔他言語話者に対する英語教授法〕のほうが需要はありそうだ）。

採用ポイント19　夫からの協力

独・仏などの第二外国語に比べると、大学の英語教師の職は、まだまだ恵まれている。2011年4月24日現在、JREC-INのキーワード検索で、「英語」と入力すると、204件がヒットする。中には、経営学だが英語で授業できる人が望ましいなどの公募もあるので、精査すると、英語専任教員公募数は、39件にのぼった（ただし、英語ネイティブ・スピーカーの教員、任期付き常勤教員、高専教員含む）。ちなみに、同時期に「ドイツ語」を検索すると、教員公募が5件、「フランス語」になると、3件のみに留まる。

やはり需要面ではいまだに英語は強い。第4章で見たように、英語科目は、まだまだ大学教師としては将来有望な分野だと評価できる。

ここで登場いただくV氏の口癖は「自分は要領が悪いから、時間がかかる」であるが、人の何倍もの努力をして、いまある地位を築き上げている。

彼女はZレベルの都市部大学の英語学科を卒業し、その後民間企業に就職するも、途中で辞め、アメリカ人と国際結婚をした。転機は子供ができたあとに、北米の大学院でTESOLを修士レベルで学ぶチャンスを得た時だった。子育てをしながら大学院に通うのはさぞかし大変だったと推察できるが、生来がんばり屋の彼女はそれを見事にやってのけ、80年代初頭、20代の後半でマスターを取得した。その後日本に戻り、夫からの多大な協力を得ながら、最高で22コマもの英語の非常勤講師を掛け持ちしつつ、論文も発表して、専任の英語教員の道も探っていく。

結果的には8年間も英語の非常勤講師を続けることになったが、1990年に関西のZレベルの私学に公募で採用されるに至った。公募とはいえ、その頃には、地区の学会や研究会でもかなりコネを作り、知る人ぞ知る人材として評価されていたようだ。当時30代後半だった彼女は、4年後にはよりランクが上の関西のZレベル大学に移り、さらに40代後半で現在の都市部βレベル大学に移籍している。

この間、彼女の努力は博士号取得にも見られよう。5年の歳月をかけて、わざわざ別の都市部にあるαレベルの大学院博士課程に通いつつも、とうとう50歳を前に博士論文を完成させ、課程博士号を取得。その後は、英語と日本語で単著学術本を出し、数々の英文・邦文のレフェリー付き論文を出版するなど、今や言語学のその分野では、第一人者と目されるプロフェッショナルにまでなり、科研費も取得している。

　また、お子さん2人も夫と協力して見事に育て、1人は日本国内で、もう1人は北米で順調に就職している。V氏に会うたびに脱帽するばかりである。

B　出身校の有利・不利を考慮していない

　その分野でメジャーな学校に入るに越したことはない。あるいはコネが大事な法学分野では、恩師、同門の先輩・後輩、研究仲間との関係も大事だろう。出身校がその分野で他の大学・大学院出身者の「植民地」となっている、あるいは、どう見ても力が弱い（過去10年に1人も大学専任教員が出ていない）場合には、経済的に可能な年齢まではがんばってみてもよいが、それ以降は、いろいろと考えたほうが良いかもしれない。

　49頁の図2で示したように、フリーターになっても生活できるほどの財政的基盤がないのならば、別のパイプラインに乗り換えること、つまり、大学教員以外の別の道を探す、または、別の大学院博士課程に入り直して、良い意味での学歴ロンダリングを行うことだ。たとえば、98頁の採用ポイント5で見たY氏のように、いっそのこと、海外Ph.D.を狙うという手もアリだろう。

C　自分の学力レベルをわかっていない

大学院倍増計画のひずみは本書の所々で指摘した。取材過程でも、20年前ならとうてい入学できない層が、博士課程に入ってしまっている例もしばしば耳にした。

あるいは、広島大大学院教育学研究科（発達臨床心理学）教授である岡本祐子氏のように、「……ちょっと広島大学の恥を申し上げるようですが、私達教員は院生を手とり足とり論文を指導し、投稿論文の修正点対照表までチェックしてやり、こちらが手とり足とり学位を取らせてあげるというのが実状です。そういう意味で、私達は院生のレベルが非常に下がってきたということは実感しているわけです」という指摘もある[71]。

いろいろと聞いた話では、「横綱」大学からちょっとランクが落ちる旧帝大系の大学院に進学した者の中には、プライドに実力がともなわない者がいるそうだ。逆に偏差値ランクが低い大学の学部から「横綱」大学大学院に進学した院生は、やる気はすごくあるが空回りして、実力がついていかない場合もあるという。どちらも、まずは、課程博士号を取得するために、相応の努力をしなければならないだろう。

概して課程博士号が取得しやすくなっているのも事実であり、今後は、ますますその論文の質が問われることになる。できたら、取得後、公刊しておくことが望ましいのは言うまでもない。また、とくに若いうちは、いろいろな学会や研究会などで他流試合をして、自分のレベルが業界でどの程度かを見極めるのも重要だろう。

D　指導教授がハズレだった

さて、いろんな話を聞いた限りでは、「高学歴ワーキングプア」の諸問題は院生だけに帰することができないようだ。指導教授側の問題も考えなくてはならない。どこの大学院も、ゆったりとした指導ができなくなっている現状は本書で描写した。その点では研究者を生み出してきた多くの大学院教員側に同情の余地は多々ある。

ところが、指導教授が多忙すぎるのか、能力不足なのか、ちょっとひどい所では、院生の指導を学会にアウトソーシングしている（！）例もあるようだ。まだまだ査読に耐えうる内容でない論文なのに指導教授が指導をせず、そのまま学会誌に投稿させているので、「添削する立場」はたまったものではないとのこと。どの学会でも世間は狭いので、噂が口コミで広まると、そのようなレベルの指導は、院生の就活にマイナスになる。

E　自分のスペックと求人要件にズレがある

本書の至る所で明示したが、やはり就活に成功している現職教員は、自分の得意分野と不得意分野を明確に見極め、得意分野をできるだけ伸ばす努力をしている。これは研究業績のみならず、たとえば、後述するように、自分に合う組織という観点で就職先を見つける努力も大事になる。バリバリの近代経済学者を求めている公募に、マルクス経済学者が応募しても採用の見込みはゼロだろうし、逆もまた真なりである。

公募などでの採用情報が出たら、採用人事委員会に誰が入りそうかを、応募前に知っておくとよい。そして、自分がその人事にどうやって売り込めるかを考えるのだ。そのように、採用サイドに立ってみて、どうしたら自分の得意スペックを売り込むことができるかを考えよう。

スペックと言っても、学位や研究業績だけではない。たとえば、地方大学だとその地域に住んで、キチンと学生の面倒を見てくれそうな、やる気のある若手教員を募集しているかもしれない。自分がその地域の出身者であり、そこに骨を埋める覚悟があるとか、都市部ではなく、地方に住んでその土地で生活するのが好きだとか、そういったことも売り込めるスペックになる。反対に、非関西人で、関西カルチャーにはどうしてもついていけなくて、東京の大学に移ってしまった人とか、田舎の大学での雰囲気が好きになれずに、短期間で専任職を辞めてしまった人を筆者は知っている。

F　就職後に安心しきってしまった、または背伸びしすぎた

コネでも公募でも最初に大学業界に入ると、そこを踏み台にしてより良い職場に転職する可能性はある。ただし、実力に不相応な職場にコネのみで就職した場合、伸び悩んだり、場合によっては精神を病んでしまったりすることすらありうる。中岡慎一郎『大学崩壊』（早稲田出版、1999年、68〜72頁）に、そのような例が挙げられている。

中岡慎一郎氏の同級生は、修士課程を半年遅れで修了した。彼は、地方短大の英語科目担当専任講師として赴任。ここで3年教えたが、あまり業績を残せず、紀要論文3本しか書けなかった。しかるところ、母校で指導教授が人事権を握っていたために、3年後には晴れて母校の一般教養英語の専任講師として転出に成功した。

そこまでは順調だったが、雑務上のことか学術上のことかは不明だが、より優秀な先輩から批判されたのか、数年後には鬱《うつ》病になってしまった。1年休職して治療に専念したが、その甲斐《かい》もなく、病状が悪化し、自分の部屋にこもり、壁に向かって何時間もずっと座ってい

るような状況に陥る。そして、妻子があるにもかかわらず、最後は40歳前に自殺してしまったとのこと。

この本の分析に従うと、自殺してしまった教員の問題点は、一人息子で育ったためか母親がかまいすぎだったことと、地方短大勤務時に十分な実力をつけられなかったことにあるようだ。筆者の意見では、この方の場合、コネを最大限利用したまでは良いが、あまりにも背伸びしすぎたのではないかと思う。コネが効かなくなった時点で、実力に合わない職場にいた矛盾が露呈した悲劇だといえよう。

Ｇ　学生に合わせて教えることができない

現在の学部教育では、ともかく、わかりやすい授業が望まれている。時にはαレベル大学でさえそうだ。今後学生による授業評価や教員相互の授業評価などの、ＦＤ活動はさらに進展するし、採用面接では模擬授業が増えるであろうことからも、難しい内容を学生に合わせて、できるだけ噛《か》み砕いて説明する力は大切になってくる。

その意味では、偏差値レベルでは格下の短大や大学、場合によっては高専・高校・専門学校・予備校などで、知識ゼロの生徒・学生を相手に苦労しておくと、その経験は格上の大学に行ってからも、活きてくるだろう。逆に自分が「横綱」大学出身者で〝地頭〟が良すぎると、講義対象の学生がなぜ自分の授業を理解できないのかわからない、という問題にぶつかるかもしれない。

極論になるかもしれないが、**優秀な学生を教えることはラクだ**。のみ込みの早い優秀な学生を教えるなら、ある程度「放任主義」でもまったく問題なく、自主的に学問してくれるだろう。問題は、基礎学力の欠如にある。大学進学率が高校卒業生の5割を超え、大学教育がユニバーサル化した21世紀においては、(冒頭のB教授のエピソードで出てくるような)わかっていない、やる気のない学生の学力を、どうやって在学中に伸ばせるかが、求められる時代になってきている。αレベルの優秀な院生ばかりを教えているメジャー大学教授が、定年後格下の私学などに移籍して苦労するのは、この学生レベルの問題である。

この業界では、今後ますます教育力がないと難しくなる。授業では100人単位の学生を惹きつけることも求められるような私学では、それなりの〝パフォーマンス〟もできたほうがよかろう。実験系で大人数授業をしなくて良い教授や、優秀な院生のみを対象にする授業担当教授を除くと、私学を中心に文系大学教授は授業をやってナンボである。いろいろな形で授業力を鍛えることも必須だろう。

採用ポイント20　高校教師としての経験

いわゆるサラリーマンが大学教師に転じやすい分野は、商学・経営学全般であろうが、高校教師が大学教師に転じやすい分野は教育学であろう。ここで紹介するF氏も高校教師の経験や教歴を活かして、大学教員になったパターンだ。彼の場合はまた教育力がかなりあり、高校教師としての経験を専門分野にもうまく応用させているのが成功のポイントとなっている。

F氏はβレベル都市部大学文学部英文学科で学んだ。在学中には、当時まだまだ普通ではなかった交換留学を利用してアメリカの大学でも1年学び、英語力を本格的に自分のものにしている。その後、出身県の公立校英語教師として2年半教壇に立ったあと、アメリカの大学院でTESOLを専攻しマスターを取得。その後は、やはり公立校や母校の大学付属中学で英語を教えた。

そんな時、母校のある学部の英語専任教員を探しているので、ぜひ来てほしいという依頼が来たので承諾する。F氏はその学部で英語のレベル別クラスを導入するなど、改革にも寄与した。新学部が設立された際には、請われてやはり学内移籍することになる。

F氏は根っからの教育好きなのだろう。TESOLという実践的な学問分野を専攻していることもあるが、英語のテストを使用したレベル別授業などで創意工夫を凝らしている。また性格も敵をつくらないタイプであり、いつもニコニコしていて、とっつきやすい。今後はいままでの教育成果を著書や博士論文の形でまとめるなど、研究面での躍進も期待できるだろう。

H　前職の常識を過度に持ち込みそうな社会人

社会人出身者も今後は学位や研究業績がないと、サバイブするのが難しい。と同時に、大学は独自のカルチャーで動いているし、慣例はそう簡単には変わらないことも知る必要がある。

部長・重役レベルの大手企業社会人だと、海外出張のフライトはビジネスクラスかファーストクラスが当たり前。有能な秘書もいて、雑務はやってくれるし、顧客相手の接待費もつくだろう。大学業界では、科研費でリサーチ出張してもエコノミークラスだし、営業もないので接待費などはほとんどつかない。

冒頭のＡ教授のように、優秀な秘書が雑務を引き受けてくれるのは、文系の大学教員では、ごくまれな一握りの例外だ（そもそも都市部大手私学などでは、秘書を雇っても、仕事をしてもらえるような空間的スペースが圧倒的に足りない）。何から何まで全部自分でこなす覚悟がないと、不平タラタラの実務家出身の大学教授になってしまい、周りのひんしゅくを買う。

社会人出身者は、できるだけ早く大学組織の一員として、むしろ自分を組織に合わせることが必要となる。とくに、入試業務はたとえ社会人出身教員でも必ず回ってくるので、受験生が勉強する範囲に合わせた問題作成ができるようにしておいたほうがいい。

Ｉ　「アブナイ性格」「協調性がない」という噂

本書ですでに、洋の東西を問わず、アブナイ教授は避けられることは描いた。正直に言って、筒井康隆氏による『文学部唯野教授』の恩師「蟻巣川教授」だと、周りが難儀するのである（１１６～１１７頁参照）。大学も、企業などとは異なるものの組織であるからには、協調性など学事に向く性格も求められる。考え方なども含めて勤務校で協力関係を築くことはきわめて大切であり、人によっては転出（転職）の最大の理由が同僚との関係悪化やイジメだったりする。[72] 大学人として一般的に評価されるのは、温厚な性格でありつつも、研究面での議論はキチンとできるような、適度な自己主張もミックスされたタイプだろう。

筆者の知っている例では、学会における他の研究者への個人批判（攻撃）が度を越していて、**周りから「ケンカ○×」とあだ名されていたこともあり、優秀な業績があったにもかかわらず、40代半ばまで就職できなかった例がある**。コネのある先生が、ある大学に移籍する時に引っ張ってくれたことで、ようやく専任教員になれたが、それまではずっと専業非常勤講師の生活だった。配偶者の方が安定した大学の専任職を得ていたことと、実家が裕福だったので、ご本人はそれほど苦労してはいなかったようだが。その人を引っ張ってくれた先生も、「あの人は学会で敵をあまりにも多く作りすぎた」と打ち明けてくれた。学会の一部でも、この方についてはかなり悪評があったようだ。ここまで行くと、採用側に足踏みされてもやむを得ない感じがする。

先ほど見た自殺は極端な例としても、この業界、たしかに鬱病などのメンタル面で問題を抱え込んでしまう研究者が多い。北米の大学で教えているある友人によると、彼の周りには鬱病を患っている同僚が８名もいるという。

男性教員にはメンタルで弱い面もあり、熟年離婚後、アルコール依存症になってしまったという話も耳にする（なので、ワーク・ライフ・バランスは重要なのだ）。どちらかというと、頭が良すぎる天才型の研究者が、難しい課題に挑戦した結果、行き詰まってしまうとコワイ事態が待っている感じがする。

いずれにせよ、文系学者は孤独な環境で淡々と仕事をし、同業者からのさまざまな批判にもグループで対応するのではなく、あくまでも頼れるのは自分自身。状況によって、批判に耐えうる（あるいはスルーできる）精神力（鈍感力？）が必要となろう。

J　雑務から逃げそう

第4章で詳述したように、非常勤講師と違って、専任教員である限りにおいては、「雑務の嵐」から逃げることはできない。事情によっては、「この若手の先生は、入試の××科目の作成が得意なので、大いに期待できる」という理由で、採用されることも十分ありうる。そのくらい、現在の日本の大学を取り巻く環境は、雑務漬けになっているのである。

研究中心大学になればなるほど、雑務はしたくないと願う教員が主流になっていてもおかしくない。だいたいそのような所では、「雑務は平等・均等に！」の原則だろう。そんな中で、「(文系だけど）私は英語、国語、社会が不得意なので、入試問題の作成には一切協力できません!」と宣言したら、周りから後ろ指を指されても仕方ない。反対に雑務漬けで著名な大学(短大)で仕事をした経験を持つ教員なら、雑務面でも大いに期待できるということで、転職に有利になるかもしれない。

いずれにせよ、**最低限の雑務が「お願いします」と回ってきたら、(キャンディーズのように)「微笑み返し」で快諾し、できないことはできるように努める姿勢が大事である。**

K 同僚をバカにしたり、過度に威張りそう

大学の組織はきわめてフラットだということは、本書で何度も述べた。いったんある大学に専任教員として勤務し始めたら、どの同僚とも、原則同等になる。たとえ学長であろうが、ノーベル経済学賞受賞者(日本人ではまだ出ていないが)であろうが、関西弁で言うところの「みんなチョボチョボ」なのである。そこのところをわかっておらず、自分はすごいと勘違いしていると、同僚から敬遠されるのがオチだ。

院生やポスドクの人でも、あまり威張ってばかりだと噂になりかねない。現在の勤務校から格上の別の大学に移る際にも、候補者については、いろいろな下調べをするのが普通なので、同僚との仲が悪い、それも本人が威張りすぎて問題だとなると、オイシイ話がなくなる

かもしれないので注意が必要だろう。

Ｌ　学生と「不適切な関係」を持ってしまいそう

教師としては大きなタブーである。短大や大学は、保護者の方々による授業料によって成り立っているのだから、学生については、あくまでも「教師対学生」としての関係で接しなくてはならない。いかなる理由があろうとも、セクハラとかパワハラととられかねない言動（とくに行為）を慎んだほうがよい。また、セクハラについては、常習的な教員もいるようで、複数の職場で繰り返した例もあるようだ。

無論、学生のみならず、他の同僚や職員など大学という共同体のメンバーに対しては、ハラスメント行為はすべて厳禁なのは言うまでもない（他の犯罪的行為も厳禁だが）。「李下《りか》に冠を正さず」ではないが、教員が性的対象となるような学生とか院生と、２人だけで呑みに行くなどの誤解を与えかねない行為も、責任が取れないならば慎んだほうがベターだろう。不祥事になると、そのための対策会議や打ち合わせが多々開催されるなど、周りの同僚にも大いに迷惑をかけることになる。

M（年齢の割に）業績が少なすぎる

20代後半～30代までの若手研究者なら、まだまだ業績があまりなくても、今後が期待できるということで採用されうる。業績数よりも他のスペック（雑務処理能力、コネ、性格、教育力）が重んじられるケースも本書で例示した。実務家（社会人）出身の教員なら、そもそも学術論文などの業績はあまり重んじられず、特例扱いを受ける可能性もないではない。

にもかかわらず、やはり年齢に応じた業績の質と量も決定的に大事になる場合がある。年齢の割に業績数が少なすぎると、純粋公募の場合、最終面接まで残らないだろうし、「一本釣り」でも、他の人事委員を説得できなくなる。たとえば、通常の公募条件には、「主要業績3本以上」の論文（コピー）提出などが義務付けられている。純粋公募なら業績書で論文3本だけしかないと、他の候補者に比べてかなりきつい結果になるだろう。また、博士号は取っていて当然の分野の場合、博士号を取得していないのは大きなハンディキャップになるだろう。

とくに本書でのα、β、θレベルくらいまでの研究重視大学では、なんといっても、学術論文に代表される業績は大事である。若いうちから、レフェリー付きトップ・ジャーナルに鋭い論文を発表している、国内外の学会から著名な賞を受賞している、著作が高く評価され、学会誌などで書評が出たなど、このような**客観的に評価しやすい業績があると、採用ポイントアップになる**。

N　公募情報をよく読まない

今後の趨勢として、文系大学教員でも、純粋公募での採用は増えるということを本書では示した。あとは、JREC-INなどでの公募情報をどう読むかである。できるだけ正確に読まないと、無駄骨を折ることになりかねない。

たとえば、助教レベルの採用に対して、50歳を超えた大学教授レベルの人が応募しても難しいだろうし、博士号取得者のみを対象としている公募に、博士号を取得していない候補が応募しても、書類選考を通らないだろう。公募情報を希望的観測で自分の都合の良いように解釈するよりは、冷徹なリアリズムに徹して、むしろダメもとの精神で応募するとよい。そのほうが、ダメだった時の精神的ダメージはミニマムに抑えられる。

O　自分と合わない職場に応募してしまう

いまだに経済・経営・教育・法政分野での就活では、考え方の似た集団による採用人事がある。場合によっては旧左派系列と新左派系列の戦いとなっているかもしれない。その意味では本書で繰り返しアドバイスしているように、自分が応募する大学の人事が、どんな形になるのかを予測することはきわめて重要だろう。

採用候補者がその大学に入った場合、すでにいる諸先生方とうまくやっていけるかどうかは、採用サイドとしては必ず考える。その意味では、職場としての大学が自分に合うか合わないか（あるいは自分がその職場に、最低限必要なくらい合わせることができるか否か）をキチンと見極めてから応募することが大事だろう。

P 比較・国際的な分野なのに英語ができない

これも本書において筆者の〝バイアス〟込みで描いたが、日本と他の国・地域を比較する分野で、外国語の能力が必須であるにもかかわらず、院入試でも外国語能力が厳しく問われない研究科もあるようだ。

まずは英語を中心に、かなりのレベルでの読解力やコミュニケーション能力があると戦えるスペックとなる。反対に、日本に焦点を当てていても、邦語の文献だけだと、場合によっては行き詰まってしまうかもしれない。

Q　年齢が高すぎて、採用の対象とならない

国公立大学の定年はだいたい65歳前後だということはすでに触れた。私学は早いところで65歳、その他68歳とか70歳などもある。遅い例では、75歳や場合によっては定年ナシという場合もあるようだ。定年が廃止された北米の大学と異なり、日本の大学では、通常キチンとした形で定年がある。最近、私学では、いろいろなパターンの定年制があるようだ。定年を短縮する、実質65歳で定年にしてその後は年収半分、定年後は1年契約で教授会に参加する資格（義務）もなくなるが70歳まで教えることが可能になる等々がある。傾向としては、あまり有名でない私学になればなるほど、定年は比較的遅い。

非常勤講師の定年も各大学や学部ごとに決まっている。また、客員教授や特任教授の年収は、非常勤講師並みの所が多いが、定年は比較的ゆるやか（たとえば75歳とか）になる。

いずれにせよ、60歳前後になると、年齢がネックになって、採用されないことがある。採用側としても、（そのポストがそういう意図を持って設置されているのなら別の話だが）数年ごとに採用人事をしなくてはならないのはかなりの手間なので、敬遠するかもしれない。

そこから考えると、第二の人生として急に大学教員になろうとするよりも、遅くとも還暦の

一歩手前くらいまでに、大学教員になる道筋をつけておいたほうがよいだろう。もちろん学界の大物教授の場合は、これまでの研究・教歴の蓄積から新設学部や大学院での文科省設置審もクリアできるので移籍するというケースもあるが、これは例外であろう。

R　ITが不得手

筆者はブログもツイッターもやったことはないし、今後もやる予定はない。そのうえいまどき、ケータイを持っていないので大きな声では言えないのだが、上には上がいる。60歳を越えている専任教員の方々には、いまだにパソコンはもちろん、ワープロも打てないという話を聞いたことがある。学生のほうが教員よりもIT技術があるのではないか。

現在の「読み・書き・そろばん」が「日本語・英語・パソコン（分野によっては統計処理を含む）」だとしたら、ITオンチではまずいだろう。大学内でもIT関連の雑務（学内パソコンのリプレースとかシステム・アップデートに関連した会議などなど）はあるし、やはりやろうと思えば、アメリカのCIAにハッキングできる（！）くらいITスキルと知識を持った文系教員は重宝がられるに違いない。

アラフォー世代までの成功談

他のすべての就活がそうであるように、大学への就活も世代の波による運・不運が確実にある。マクロの世界経済と日本経済の動向、少子高齢化、大学進学率や大学設置数の変化などの日本社会の情勢、その時代による有利不利も実際にある。そこで最後に、筆者のようなアラフィフ世代よりも、ある意味厳しい就活を経験してきたアラフォー世代の成功例を、4つ続けてまとめておく。

採用ポイント21　恩師や研究仲間を大事にした

国際法分野は、「両横綱」大学を中心に旧帝大系のαレベルがとても強い。また、新司法試験では受験生数が少ないために、ロースクール・バブルの恩恵はあまり受けなかった分野だと判断できる。その反面、国際関係・外国語系の学部などでの需要もある。M氏はαレベルでも、英語教育で定評のある大学の出身である。交換留学で北米に1年滞在するなどして、学部時代に英語にも堪能になった。その後、院に進んだM氏は、著名な有力教授の指導を受けることができた。教授自身が、日本の研究者ではまれなくらい海外経験豊富で、外務省や国連関係の仕事もこなし、なおかつ人柄温厚で、弟子育成にも熱心な方だった。

母校で任期付きの助手をしつつ、専任職の機会をうかがっていたM氏だったが、公募でチャンスが生まれた。Zレベルではあるものの、その地方ではトップレベルの大学の公募情報を得たのである。その大学には知己の先生はいなかったものの、面接で良い印象を残すことができた。業績的にも、修士論文に加えて学術論文が数本あり、28歳の若さで専任講師に選ばれることになった。90年代半ばの話である。

その後も着実に業績を伸ばすと同時に、母校に課程博士論文を提出し、博士号も取得した。このZレベル地方大学に勤務中には、欧州地域での在外研究も経験している。若くして専任講師になったことと、東京で生まれ育ったこともあり、この地方独特の文化や習慣に慣れるのには時間がかかったものの、M氏は勤務先で博士論文を単著学術本としてまとめて出すこともできた。語学力を活かして、英語の講読関係の授業も担当したとのこと。

人当たりの良い、やさしい性格で、母校の大学院の先輩や後輩などとも共同研究をしたり、学外のスカラシップなども得たりした。この間、学内でもとくに教育面でかなり学生から慕われるようになっていき、40歳を越えて教授にも昇格したのである。

採用ポイント22　留学経験、英語力、博士号、ルックス（？）

国際政治学者であるO氏もなかなかの苦労人であり、やはり社会人経験がある。彼はαレベルの有名大学法学部で学び、その後、英語圏の大学院に1年留学し、ディプロマ（課程修了書）を取得。直後に、新聞記者を1年少し経験したが、ある財団から奨学金を得たこともあり、英語圏の別の大学院に進学し、マスターを得た。そのままPh.D.取得まで突っ走りたかったものの、家族の事情で帰国を余儀なくされた。家族の問題が落ち着いたあとで、旧帝大系のαレベル大学院博士課程に入り直し、課程博士号を取得した時には、33歳になっていた。2000年代前半の話である。

その大学院では、国際法と国際政治の分野で有名な指導教授の下で学びつつ、任期付きの助手に採用される。同時に公募での職探しにも努め、都市部Zレベルの大学に応募し、50倍程度の倍率をくぐり抜け、純粋公募での採用に至った。そこは理事会が最終権限を持ち、発言権が強い所だったようだが、有力理事が彼の出身校とは異なる某大学出身者はあまり好みでなかったこと、国際政治教員でも留学経験者が欲しかったこと、博士号保持も有利に働いたこと、O氏が長身・好ルックスで惹きつけたこと（？）などによりうまくいったようである。

勤務先は、人材の入れ替わりの激しさで有名だった。彼も移籍を考えるようになり、数年勤務してから関東圏のZレベル大学に応募することにした。その大学は、関東圏では知られた大学であり、公募職位も講師から教授まで及んだために、純粋公募で120倍の倍率になった。学部も教養的な基盤の強い所であり、国際政治学者はひとりもおらず、専門分野を異にする教授たちの人事委員会では、自分の弟子を推薦する声も聞こえたようだ。ただし、国際政治学プロパーとして彼は主流の道を歩み、業績も積み重ねていたことと、留学経験も評価され、また、いろいろな科目を教えられることも期待されたらしく、採用されたのであった。

2番目の大学でO氏は英語科目を担当し、なおかつ自分の専門とは若干違う講義科目も担当した。スペックはやはり、留学経験、英語力、博士号に加えて、前向きで、積極的な人柄などであろう。120倍の倍率でも、採用される人はキチンと採用されるのである。

採用ポイント23　多様なネットワークを拡げた

歴史学分野の若手として、30代後半での転職に成功したのがＳ氏である。Ｓ氏は、ものの静かであるが、話したり、やりとりをしたりするとその頭の良さがわかる。それもそのハズで、「横綱」大学の学部・大学院を経て、英語圏の著名大学でマスターまで取っている、新進気鋭の研究者なのだ。指導を仰いでいた著名な恩師が在学中に急逝されるという不幸に見舞われたが、後任の有能な先生について課程博士号を取得している。穏当かつやさしい性格で、非常に話しかけやすい。

Ｓ氏は、出身大学で任期付き助手をしている間に、公募で都市部のβレベル大学に応募した。この大学では、人事はすべて公募することになっており、さらに純粋公募での採用も多いようだ。応募した時に、彼は英語と日本語のレフェリー付き論文に加え、共著本などの業績も持っていた。公募先の大学では、専門分野の授業の他にも、英語科目も担当となっていたが、英語圏でも学び、英語に堪能なＳ氏にとっては、これは有利に働いた。また、兄弟子に当たる大学院の先輩がその大学で教えており、彼の人柄や研究態度のマジメさについては、保証してくれた。業績面でも文句なく、面接候補に選ばれたS氏は、その後晴れて、そこで専任講師に正式採用され、34歳で准教授にも昇格した。2000年代半ばの話である。

彼の立派なところは、狭い自分の専門分野に閉じこもらず、あふれんばかりの知的好奇心を活かして関連学会などに積極的に参加し、発表や論文執筆など努力している点である。地域研究でも業績をあげ、いろいろなグループから、共同研究、共著や共訳の誘いが来て、着々と研究業績を積み重ねていった。日本では研究者の層がかなり厚い分野であったにもかかわらず、S氏の優秀さは知れ渡っていく。

転機は、母校から取得した博士論文を加筆訂正して、有名な出版社から1冊の単著学術本として出版した時だった。30代の若さで、一次史料にもとづく本格的な単著を刊行できるのは、この出版不況の折、並大抵のことではない。運良く、αレベルの旧帝大から、「一本釣り」の形でぜひ来てほしいという声がかかり、何回かの投票のあとで、その准教授に招かれたのであった。まだ40歳前にもかかわらず、すでに単著学術本が1冊、共著が4冊、論文（ほとんどレフェリー付き）が10本以上あり、今後は大学院大学の教員として研究者養成面でも大いに期待できよう。

倍率が厳しい分野でも、なんだかんだいっても、優秀で、性格も良く、業績があると決まるという厳然たる事実を忘れてはならない。彼も執筆した共著の学術本を編集した研究者によると、他の若手に比べ、彼の担当した章の出来映えがずば抜けていたとのこと。卓越さというものは、このような所からもにじみ出るのであろう。

採用ポイント24　家族の協力、恩師の口添え

「たゆまぬ努力」ということで、いつも思い出されるのがT氏である。T氏は両親が公立学校の教諭という家庭に生まれ、地元のβレベル大学で政治学を学んだ。その後修士課程に進んだ時には、国際政治の一大変動期だったこともあり、日本ではどちらかというとマイナーと見られることが多い地域の政治・外交に格段の知的関心を抱くようになった。彼の立派なところは、修士課程在籍中に、邦語は無論のこと、英語でも当時入手可能なその地域の特定テーマのおもな本や論文はすべて読みこなし、英語で修士論文を見事に仕上げたことである。そのレベルははっきりいって、群を抜いていた。

英語での情報収集のみに飽き足らなかったT氏は、その地域の言語も独学で学ぶと同

時に、博士課程に進んでからは、その地域への留学も計画する。うまく政府の奨学金を得ることができた彼は、2年間、首都の大学に留学し、みっちりと語学力と知識を身に付けることに成功した。その後10年という長い歳月をかけつつ、当該テーマに関する文献、一次史料、情報などを時間が許す限り、現地を訪れて渉猟した。彼の粘り強い性格と勤勉さ、それに加えて両親の経済面および精神面での支えが、徐々に結実し、アラサーになる頃には、研究成果を次から次へと学術論文の形でまとめることができた。

T氏の悲劇は、大学院での指導教授との関係が良好でなかったことにあった。いろいろな争点をめぐる見解や研究へのアプローチなどについて、考え方の相違が目立つようになり、指導教授との仲は悪化した。まだまだコネでの採用が主流の時期にも、推薦状を書いてもらえないなど、見方によっては、「パワハラに近い」扱いを受けることすらあった。辛抱強い彼はその間、黙々と自分の研究に打ち込み、学会や研究会などでのコネを通じて、αレベル国立大学の非常勤講師に就任していた。この間、一時的に公立高校の非常勤講師も務めたが、財政的には実家に頼り、いわば「高学歴ワーキングプア」として、かなりの苦労もされている。

転機は、指導教授の退職によって訪れた。後任的なポストに就いた教授とは関係もまずまずで、これまでの研究をまとめて母校から論文博士号を取得する見込みも出てきた。30代後半で出した学術書は見事な博士論文になり、公募で大学教員職をめざす際のスペックを高めることにもなった。θレベルではあるが、経営的に安定したある大学の公募では、そこの採用委員の先生と知己だった他大学の先生を通じて、博士論文指導教授がT氏の人柄や研究能力などを保証してくれた。そのため、彼は面接での筆頭候補になった。面接では応募先の採用委員の先生と和気藹々《わきあいあい》と打ち解けることができたT氏に、准教授としての採用通知が来たのは、それからまもなくのことだった。

こうして、実家からのさまざまな面での援助、研究仲間や新しい指導教授の助け、それになんといっても粘り強いたゆまぬ努力が、アラフォーになってようやく実ったのである。当該地域への本格的な研究を志してから、軽く15年は過ぎていた。その後のT氏は、勤務校の在外研究制度を利用して、他の地域でも長期間学び、すでに25本以上の秀逸な学術論文を発表している。今後、研究テーマをさらに広げ、専門地域以外の政治問題についても学術的な単著本をまとめる予定でいる。40代になって、今後の展開がますます楽しみなアカデミック・ライフを送っているようだ。

さて、これまでの本書での議論や取材などを通して見えてきたことについて、最後に蛇足を。**専任大学教員になるには、やはりある程度の共通項が見出されるという事実だ。**採用サイドとしては、履歴・業績書や学会などでの評判で、「この人は決まるな」とか「できるし、優秀だな」と感じた候補者は、その時に決まらなくても、何年か経ってみたら、最終的にはポストを得ているという話もよく聞く。

たとえば、ある大学で公募採用人事を行ったところ、おもな候補者として、4名程度がリストアップされた。いろいろな要素を勘案して、面接候補者を2人に絞り、1人のみが採用された。ところが、残りの3名も10年ほど経ってみると、それぞれ別の大学の専任教員になっていたという。そのうちの何人かは、よりレベルの高い有力大学の専任教員として活躍しているとのこと。

このように、たとえ競争率が数十倍や3桁《けた》の公募でも、最後の数名に残るようになったら、あとほんの一歩なのである。運もあるだろうが、地道に努力していると、最後は報われる見込みが確実に高まる。

さらに、付言すると、ひとつのポストに応募した本人にとっては、「採用になるか、否か」の答えしかない。すなわち、**たとえ倍率が100倍以上の公募でも、応募者からすると**

ＹＥＳかＮＯのどちらかしかないから、「確立は50％だ」と考えると気が楽になるだろう。

大学教師の現場は、雑務に追われ、教育は大変さを増し、今やネットなどであることないこと書かれたりして、牧歌的ではなくなっている。この状況に対応するためには、立ち直りの早さ、人からの批判をスルーする能力（鈍感力）があるといいなあと思う、今日この頃である。

いずれにせよ、志を同じくする大学教員予備軍の方々には、少しでもポスト・ゲットに近づいてほしいと祈るばかりである。本書がそのような読者諸氏のニーズに少しでも応えることができたら深甚である。

ちょっと長めのあとがき

「**自分のことは棚に上げて！**」と、筆者を直接知る先生、同僚、仲間、知己、あるいは家族からは批判されるのを覚悟で本書を執筆した。また、できるだけ紙媒体の情報と取材を組み合わせるよう努力したが、専門分野などに関する筆者の〝バイアス〟もところどころに出てしまったかと危惧する。いずれにせよ、大学業界に入ってから20年を超えて、前々からこのような形で、筆者の見聞をまとめておきたいと思っていたところ、編集者の黒田剛史氏が大きな興味を示してくれたのがきっかけとなった。黒田氏の緻密な編集に、心から御礼申し上げたい。

本書では、「大学と社会」というテーマについて、筆者の知見・情報をすべて出しきった感があるが、最後に残ったのは筆者自身の体験談である。そこで、このあとがきでは、自らの就活ノウハウを本文でも使用した「採用ポイント」方式でまとめておきたいと思う。

採用ポイント25

最初は英語教師。でも、専門も忘れなかった

筆者が最初に故郷の長野で短大の専任講師になったのは、1990年4月のことである。前年にはアメリカの大学の日本校で、英語を教えていた。当時ある経済団体の役員をしていた叔父からの紹介で、運良く県内で塾・予備校・高校を運営していた学校法人の事務局長に会うことができた。この法人は、県内に経営学科のある私立短大を持ち、若手の人材を求めていた。事務局長との面談では、一般教養の英語と国際政治学を教えることを条件に、筆者を専任講師職に推薦していただけることが決定。まだ30歳にならない若輩者であり、主要な研究業績は、英文修士論文と院生時代に書いた英文論文の合計2本しかなかった。

しかし、中学・高校の英語教師免許状、英会話学校やアメリカの大学の日本校ESL(第二言語としての英語)課程で英語を教えた教歴、さらにはアメリカの大学学部とカナダの大学院修士課程を修了し、4年以上英語圏で暮らした経験が買われたのだろう。続いて、その短大の学長や学科長待遇教授との合計2回の面接が行われ、口頭による業

績審査もクリアし、最終的には教授会で採用が決定。この短大の最も若い（赴任当時、29歳）専任講師として、通年、英語を週に4コマ、国際政治学を週に半コマの合計4・5コマを担当することになった（その後、英語4コマ、国際政治学1コマに加えて、国際関係史通年半コマと政治学関連ゼミ1コマも担当し、合計で担当コマ数は6・5コマまで増えた）。

短大の学生諸君は、元気が良く、なかなか面白い学生が揃っていた。しかし、英語を無試験で入学してきた学生もおり、中学2年レベルからスタート。ともかく苦手意識を抱いている学生が多かったので、「三単現のs」レベルの英文法や、簡単な単語の習得を目標にした。国際政治学の授業では、基本的な戦後世界史などを含め、「わかりやすさ」を最優先した。

このようにして、完全な「コネ」で就職した短大では、（年収は額面300万円からのスタートで、当時の状況からしてもかなり安かったが）学生諸君とワイワイやりつつ、おもに教育活動に打ち込んだ。その一方で、東京まで片道2時間半程度（当時）だった地の利を活かして、学会や研究会にも参加させてもらい、何人かの事実上の恩師や研究仲間も得た。研究面では、短大勤務中の4年間で、合計6本の紀要論文（1本の共著と研究ノートを含む）と2本のレフェリー付き論文を完成させることができた。また、同じ頃、トロント大大学院時代の恩師と大阪大の先生とをコーディネートし、カナダ政府から共同研究の助成金を得て、カナダとアメリカでリサーチができた。

この間、結婚し、長男が生まれたため、勤務4年目からはこのままではダメだとアセル気持ちが出てきた。短大はなんといっても、教育活動と学内行政活動（雑務）が仕事の9割を占めるし、個人研究室もアメリカ人の英会話専任講師と共有で、研究環境もベストとは言い難かった。また年収も徐々に上がっていったとはいえ、かなり低かった。妻は長男が生まれてから小学校教諭を辞めたため、本を購入することもままならず、学者生活はかなり苦しかった。やはり自分は研究活動にもっと時間を割きたいなあと思うようになっていく。

採用ポイント26 ダメもとで、公募のチャンスを狙った

1993年当時、4年制大学への転職については、現在より楽な面と大変な面があった。楽な面としては、まだまだ大学が臨時定員増などの面で拡張期であり、なおかつ、

文系課程博士が現在ほど頻繁に出ていなかったために、博士号取得者が多くなかった点である。文系の公募情報は、ほぼ、「博士課程修了者（単位取得退学者）あるいはそれに相当する業績保持者」となっていた。院生の数も少なく、政治学の分野の公募でも倍率はせいぜい30倍程度で、現在のように3桁になることはなかった。

大変な面としては、JREC-INのようなネットで公募情報を入手できなかった点だ。公募数も現在よりはるかに少なく、大学採用人事の主流は、ともかく「コネ」だった。日本の大学院出身ではないため、学閥的な「コネ」を持っていない筆者にとって、これは不利であり、積極的に公募情報を探さねばならない。たとえば、カナダの大学院で同期だった友人が、彼の母校の同志社大に寄る際には、法学部の掲示板を見てもらい、公募情報があれば郵送してもらうなどした。

こうして手に入れた公募情報から、3つの短大・大学のポストに応募した。1つの短大には実は非常勤講師として教えに行っており、知己の先生もなきにしもあらずだったが、分野が欧州の政治ということで、北米を研究している筆者の専門とはマッチしなかった。残りの短大と徳島大には、まったく「コネ」がなかったので、ダメかと思っていた。

ところが、夏に応募して10月に入ってから、思いがけない電話を徳島大の人事（採用）委員会主査の先生からいただくのである。電話では、筆者を学科会議での候補にするが、決まった場合、受けることができるかなど、いくつかの質問があり、国際政治学などの担当科目についても質問された。この主査になっていただいた教授とは、話すのはこの時が最初であり、その後、採用が学科教授会での投票（出席教員の過半数で決定）と学部教授会（口頭で説明後、異議がなければ自動承認）を経て、正式に94年4月から徳島大総合科学部の専任講師就任が決まった。なお、この先生と実際お会いしたのは、すでに正式な「割愛願い」をもらった後の93年12月に、初めて徳島を訪問してからであった。

面接なし、「コネ」もなしで、「純粋公募」で決まる、それも書類・業績審査と電話での連絡だけで決まることもありうる。これは、筆者の事例が証明している。大半の大学人が経験しているように、実際その大学で仲良くなると、どうして自分がそのポストに採用されたのか、（往々にして酒席などで）明かしてくれるのが普通だ。

筆者の場合は、論文がこの主査の教授に気に入られたこと、国際政治学そのものを研究している応募者は見かけの倍率よりも少なかったこと、それといろいろな考え方でこの教授とは波長が合ったことも決め手だったようだ。身元調査については、共同研究をしていた阪大教授（当時）の推薦状も有用だったらしい。徳島に行ってから、とくに親しくなった同年代の教員は、「実は、当該公募に推薦していた自分の友人が応募者に内々いたものの、（筆者のほうが）業績の数と質でも良かったので賛成した」と打ち明けてくれた。

採用ポイント27 ニッチでがんばって、脚光を浴びた

法人化前の徳島大総合科学部では、のんびりマイペースで教育・研究活動に打ち込めた。ＳＴ比が私学に比べてはるかに良いことはうれしかった。理系の学科があることも一因であるが、学生定員が１学年２６５名に対して、専任教員は学部全体で１２５名を超えている。現在の勤務校では、１学年３００名の学生定員に対して、任期付きでない専任教員は28名位である。国公立大学のほうが、通常の私学よりもずっと少人数教育であり、授業コマ数も原則は一般教養の講義を通年１コマ（半期授業の同内容を２回リピート実施）、専門科目の講義を通年１コマ、そして通年２コマ分の演習《ゼミ》（３〜４年生合

同）で済んだ。ゼミ参加者は数人のみであり、また一般教養の授業では、半コマ分については数年に１度夜間主（夜学）の授業が回ってくるが、短大では、英語のリピート授業を含めて通年で６・５コマ担当していたのに比べると、教育負担は通年４コマくらいと減った。

さらに、地方国立大学生は基礎学力が高く、授業態度は概してマジメである。また、年収が徳島大では５５０万円くらいに上がったのも正直うれしかった。学内政治の対立や学部の改組問題などいろいろあったものの、仲間にも恵まれ、牧歌的な雰囲気で仕事ができた。

徳島大では、２年教えたあとでＮＺ政府からのフェローシップを得たので、在外研究をさせてもらった。その後徳島大に戻り、２年ほど教えている間に、転職のチャンスが出てきた。

今度も公募だった。やはりデータベースではなく、大学に送られてくる紙媒体の公募情報を見ている時に、関西学院大でカナダ地域研究（分野は文系で、学部で教えることができる科目なら何でも可）の専門家を公募していることを知った。赴任予定はかなりあとだったが、これにも応募してみた。当時は助教授に昇格し、博士号はまだ取得していなかったものの、カナダ学会で若手研究者に与えられる学会賞や、日加研究者による共同研究をまとめた共著本でカナダ政府からの出版賞をもらっていた。また累積での研究論文数も、応募時で紀要論文などが13本（1本を除き、すべて単著）、そのほかにレフェリー付き論文が4本、そして先ほどの共著が日本語（英語版もあり）で1冊出ていた。

もっとラッキーなことは97〜98年当時、まだまだ国内で、日本語でカナダ研究をしている学者が少なかったこと。メジャーとは言い難く、ニッチな分野だったことは間違いない。また、筆者よりもはるかに業績のある大家で、関西学院大に移籍する可能性のある方々は、勤務校の留学（在外研究）などを終えたばかり等々の事情があり、移籍できないようだった。これも赴任後に知ったが、人事委員会としては、学内事情から、若手で、分野については政治学の専門家が欲しかったようだ。

関西学院大の時は、人事委員会による正式な面接が用意されており、交通費などを支給されて臨んだ。数人の面接官からは、自分の研究のポイントや今後の教育方針などについて、かなり詳細な質問が出た。メモもなかったので、一部専門用語を使用しつつ、メインの業績の論点について説明したことをおぼえている。またなぜ現在の職場から移りたいかなどの志望理由も訊《き》かれたが、自分は宗派が違うものの、ミッション系のスクールを日本とアメリカの大学で経験しており、雰囲気が合致することなどを答えた。

この時も、直接懇意にしていた先生はまったくおらず、その意味では「純粋な公募」だった。また、筆者が最初に就いたポストは大学全体の枠という特殊なモノであり、まず、大学全体の人事委員会で採用者を投票で決定してから、その後、配属先（学部など）を決めて、そこで再度人事委員会を設置し業績審査などを行い、投票で決定するという2段階方式であった。あとで知ったことだが、かつて日本のカナダ研究の拠点校となっていたものの、退職やら他大学への移籍で「旗振り役」がいなくなり、学内外のカナダ研究の推進役を求めていたようだ。

筆者に対する身元調査もあった。関西学院大の（採用）人事委員会メンバーの1人が、徳島大で筆者と仲の良い同僚に「この人どうなの？」という感じで尋ねたそうで、身元調査に応じてくれた先生は「うまく答えておいたよ」とあとで教えてくれた。また、たまたま、筆者が留学中に何度かお会いして、お世話になったことのあるトロント大大学院出身の社会福祉学者も関西学院大におり、その方が、自分の知己ということで推してくれたことも後に知った。まだ30代後半の筆者だと助教授で採用できて、他の候補者と比べて使いやすいということも有利だったのだろう。このようにして無事現在の勤務校に決まったのである。

こうして振り返ってみると、我ながら、「数々の出会い」に恵まれたと、これまでの「邂逅《かいこう》」に感謝するのみである。少年時代は、まだまだ日本社会も貧しく、ステーキ（当時はビフテキと呼んでいた）が夕食にのぼると、周りの友人との話題になるくらいだったが、大学入学後の社会状況は右肩上がりの経済成長を享受できた時代でもあった。

ただし、**民間企業への就活以上に、大学教員になることには、「将来が見えないきつさ」はある**。筆者にとってラッキーだったのは、弱小地方私立短大であったとはいえ、大学専任教員職という最初の「パイプライン」に、どうにかこうにか乗ることができたことだ。時代背景は異なるが、本書で指摘しているように、近未来に始まる「団塊世代の大量退職時代」に向けて、チャンスはまだまだ出てくることに大いに期待したい。

最後に、本書執筆時にいろいろな形で情報提供や協力をしてくれた「仲間」に心から感謝したい。本書の性質上、１人１人のお名前を列記することはできないが、引き続きよろしくお願いします！　と声を大にして言いたい。

組織としては、JREC-IN を運営されている独立行政法人科学技術振興機構の皆様には、多くのデータ提供のかたちで、ありがたいご援助をいただいた。この場を借りて御礼申し上げたい。

また、勤務校のゼミでは、とくにゼミ長の辻田勇佑君をはじめ、並川初季君と横田絵美君にはデータ収集、表作成などいろいろな面でお世話になったことを記して感謝したい。

1人だけ特筆したいのは、サイモン・フレーザー大学の川﨑剛先生である。川﨑先生とはトロント大大学院で知り合ってから、四半世紀を超えるつきあいになる。専門の国際政治学理論の話からプライベートな家族の話題など、まさに多種多様な面で情報を交換したり、お世話になるばかりである。本書を、異国の地で、マイペースでがんばっている川﨑剛先生に捧《ささ》げたい。

2011年10月吉日

櫻田大造

Updated, 2nd Ed., (New York: Palgrave Macmillan, 2010)
Neil Tudiver, *Universities for Sale: Resisting Corporate Control over Canadian Higher Education* (Toronto: James Lorimer, 1999)
Julia Miller Vick and Jennifer S. Furlong, *The Academic Job Search Handbook, Fourth Ed.*, (Philadelphia: University of Pennsylvania Press, 2008)
雑誌では、*The US News and World Report, Maclean's*などを参考にした。

デー毎日』『週刊文春』『週刊新潮』『週刊東洋経済』『週刊ダイヤモンド』『エコノミスト』『ＺＡＩＴＥＮ』『諸君！』『文藝春秋』『中央公論』『世界』『プレジデント』など。

◆**英語**

David Bercuson, et al., *Petrified Campus: The Crisis in Canada's Universities* (Toronto: Random House of Canada, 1997)

Loraine Blaxter, et al., *The Academic Career Handbook* (Buckingham: Open University Press, 1998)

Alan Brinkley, et al., *The Chicago Handbook for Teachers: A Practical Guide to the College Classroom, Second Ed.,* (Chicago: University of Chicago Press, 2011)

Robert H. Cantwell and Jill J. Scevak, eds., *An Academic Life* (Victoria: ACER Press, 2010)

Sarah Dunham, et al., *What to Do with Your History or Political Science Degree* (New York: Random House, 2007)

Elrena Evans and Caroline Grant, eds., *Mama, Ph.D.: Women Write about Motherhood and Academic Life* (Piscataway: Rutgers University Press, 2008)

Peter J. Frost and M. Susan Taylor, eds., *Rhythms of Academic Life: Personal Accounts of Careers in Academia* (Thousand Oaks: Sage, 1996)

Jason R. Karp, *How to Survive Your Ph.D.: The Insider's Guide to Avoiding Mistakes, Choosing the Right Program, Working with Professors, and Just How a Person Actually Writes a 200-Page Paper* (Naperville: Sourcebooks, 2009)

Robert Kiely, *Still Learning: Spiritual Sketches from a Professor's Life* (Catalina: Medio Media, 1999)

Margaret Newhouse, *Outside the Ivory Tower: A Guide for Academics Considering Alternative Careers* (Cambridge: Office of Career Services, Harvard University, 1993)

Laura Roselle and Sharon Spray, *Research and Writing in International Relations* (New York: Pearson, 2008)

Gregory M. Colón Semenza, *Graduate Studies for the Twenty-First Century: How To Build an Academic Career in the Humanities, Rev, and*

訳）『博士号のとり方――学生と指導教官のための実践ハンドブック』（出版サポート大樹舎、2010年）
古沢由紀子『大学サバイバル』（集英社、2001年）
『別冊宝島199 大学の醜聞』（1994年）
『別冊宝島Real 030号 生き残る大学』（2002年）
デレック・ボック（宮田由紀夫訳）『商業化する大学』（玉川大学出版部、2004年）
本多顕彰『自由国日本の大学教授』（実業之日本社、1966年）
溝上慎一『現代大学生論――ユニバーシティ・ブルーの風に揺れる』（日本放送出版協会、2004年）
宮田由紀夫『アメリカにおける大学の地域貢献――産学連携の事例研究』（中央経済社、2009年）
森毅『東大が倒産する日』（筑摩書房、2011年）
諸星裕『消える大学 残る大学――全入時代の生き残り戦略』（集英社、2008年）
山内太地『こんな大学で学びたい！――日本全国773校探訪記』（新潮社、2010年）
同監修『大学生図鑑2012――人気イラストレーター・漫画家が描く有名大学60校！』（晋遊社、2011年）
山口昌男『独断的大学論――面白くなければ大学ではない！』（ジーオー企画出版、2000年）
吉原真里『アメリカの大学院で成功する方法――留学準備から就職まで』（中央公論新社、2004年）
吉見俊哉『大学とは何か』（岩波書店、2011年）
四方田犬彦『先生とわたし』（新潮社、2007年）
読売新聞教育取材班『大学の実力2012』（中央公論新社、2011年）
鷲田小彌太編『大学は変わります』（青弓社、1993年）
同『入門・論文の書き方』（ＰＨＰ研究所、1999年）
同『新 大学教授になる方法』（ダイヤモンド社、2001年）
同『定年後に1から始めて一流学者になる方法』（青春出版社、2002年）
同『学者の値打ち』(筑摩書房、2004年）

その他、ウェブ版を含む下記の各紙・誌を参考にした。『朝日新聞』『読売新聞』『毎日新聞』『日本経済新聞』『産経新聞』『神戸新聞』『日経産業新聞』『アエラ』『週刊現代』『週刊ポスト』『週刊朝日』『サン

同『学問の下流化』（中央公論新社、2008年）
橘木俊詔『日本の教育格差』(岩波書店、2010年）
同『京都三大学 京大・同志社・立命館――東大・早慶への対抗』（岩波書店、2011年）
坪田一男『理系のための人生設計ガイド――経済的自立から教授選、会社設立まで』（講談社、2008年）
同『理系のための研究生活ガイド 第２版――テーマの選び方から留学の手続きまで』（講談社、2010年）
寺田篤弘『壊れる大学――ドキュメント・日本大学国際関係学部』（人間の科学新社、2010年）
東郷雄二『東郷式文科系必修研究生活術』（夏目書房、2000年）
都立の大学を考える都民の会編『世界のどこにもない大学――首都大学東京黒書』（花伝社、2006年）
中井浩一『徹底検証 大学法人化』（中央公論新社、2004年）
仲正昌樹『Nの肖像――統一協会で過ごした日々の記憶』（双風舎、2009年）
中村忠一『私立大学 その虚像と実像』(東洋経済新報社、1980年）
同『私立大学 甘えの経営』(東洋経済新報社、1981年）
同『大学倒産――定員割れ、飛び級、独立行政法人化』（東洋経済新報社、2000年）
同『実力で見た日本の大学最新格付け 文系〔2008年版〕』（エール出版社、2007年）
並木伸晃『米国博士号《プロフェッサー・ドクター》をとるコツ――あなたの都合にあわせてくれる米国大学院の利用術』（創成社、2007年）
西田耕三『大学をリシャッフルする――活性化への組織・行動改革』（近未来社、2000年）
野々村一雄『学者商売』（新評論、1978年）
同『学者商売その後』（新評論、1978年）
早田幸政ほか編『高等教育論入門――大学教育のこれから』（ミネルヴァ書房、2010年）
林周二『研究者という職業』（東京図書、2004年）
萩原俊彦『実践版 働きながら大学教授になる方法』（東洋経済新報社、2002年）
日垣隆『〈検証〉大学の冒険』（岩波書店、1994年）
エステール・M・フィリップス、デレック・S・ピュー（角谷快彦

2009年）
川成洋『だから教授は辞められない――大学教授解体新書』（ジャパンタイムズ、1995年）
柿本尚志『40歳で決めた大学教員の道』（幻冬舎ルネッサンス、2008年）
菊地達昭『キャリア妨害――ある公立大学のキャリア支援室での経験』（東京図書出版、2011年）
木村誠『消える大学 生き残る大学』(朝日新聞出版、2011年）
草原克豪『大学の危機――日本は21世紀の人材を養成しているか』（弘文堂、2010年）
黒木比呂史『迷走する大学――「大学全入」のXデー』（論創社、1999年）
栗本慎一郎『間違いだらけの大学選び――疾風編』（朝日新聞社、1994年）
同『間違いだらけの大学選び――怒濤編』（朝日新聞社、1994年）
高等教育研究会編『大学を学ぶ』（青木書店、1996年）
『国際関係の仕事 なり方完全ガイド』（学習研究社、2003年）
小谷野敦『評論家入門――清貧でもいいから物書きになりたい人に』（平凡社、2004年）
今野浩『すべて僕に任せてください――東工大モーレツ天才助教授の悲劇』（新潮社、2009年）
桜井邦朋『大学教授――そのあまりに日本的な』（地人書館、1991年）
同『続 大学教授――日々是好日』（地人書館、1992年）
同『続々 大学教授――予期せぬできごと』（地人書館、2002年）
ピーター・サックス（後藤将之訳）『恐るべきお子さま大学生たち――崩壊するアメリカの大学』（草思社、2000年）
塩野谷恵彦『医学部教授、3日やったらやめたくなる』（黎明書房、1992年）
嶋倉英一『絶対トクする大学・学部選び 2012年版』（エール出版社、2010年）
島野清志『危ない大学・消える大学 2012年版』（エール出版社、2011年）
杉原厚吉『大学教授という仕事』（水曜社、2010年）
杉山幸丸『崖っぷち弱小大学物語』（中央公論新社、2004年）
竹内洋『大学という病――東大紛擾と教授群像』（中央公論新社、2001年）

主要参照文献

＊本文や注釈で掲げた文献は省略した。

◆邦語

朝日新聞教育取材班『大学激動――転機の高等教育』（朝日新聞社、2003年）
阿曽沼明裕編『大学と学問――知の共同体の変貌』（玉川大学出版部、2010年）
天野郁夫『大学――変革の時代』（東京大学出版会、1994年）
有本章編『変貌する世界の大学教授職』（玉川大学出版部、2011年）
麻田貞雄『リベラル・アーツへの道――アメリカ留学とその後』（晃洋書房、2008年）
石原壮一郎、越智良子『オトナの学歴図鑑――出身校別お付き合いの秘訣教えます！』（双葉社、2010年）
石渡嶺司、山内太地『時間と学費をムダにしない大学選び2012』（光文社、2011年）
猪木武徳『大学の反省』（ＮＴＴ出版、2009年）
伊良林正哉『大学院生物語』（文芸社、2008年）
岩崎稔、小沢弘明編『激震！国立大学――独立行政法人化のゆくえ』（未来社、1999年）
岩田年浩『教授が変われば大学は変わる』（毎日新聞社、2000年）
内田樹『街場の大学論――ウチダ式教育再生』（角川書店、2010年）
梅津和郎『大学経営を斬る』（創成社、2006年）
同『良い大学・潰れる大学 選別ガイド』（エール出版社、2007年）
大礒正美『「大学」は、ご臨終。』（徳間書店、1996年）
大宮知信『学ばず教えずの大学はもういらない』（草思社、2000年）
オバタカズユキ監修『大学図鑑！ 2012』（ダイヤモンド社、2011年）
河西宏祐『大学教育春秋――千葉大学教授の8825日』（ノンブル、1999年）
尾形憲『私立大学――“蟻地獄”のなかから』（日本経済新聞社、1977年）
川村雄介『サラリーマンのための大学教授入門』（ダイヤモンド社、2003年）
河本敏浩『名ばかり大学生――日本型教育制度の終焉』（光文社、

68　国立国会図書館法によると、国内で出版された書籍と雑誌は1冊を国立国会図書館に納本することが義務づけられているので、邦語資料はここでほぼ入手可能であろう。ただし、この法律には罰則規定がないため、自費出版や小さな地方出版社が出した本などが入っていないこともあるようだ。この点は、武田徹『調べる、伝える、魅せる！――新世代ルポルタージュ指南』（中央公論新社、2004年）26～27頁を見よ。
69　村上龍『新13歳のハローワーク』（幻冬舎、2010年）5頁。
70　たとえば、『週刊朝日』（2008年4月4日号）158～160頁、『週刊ポスト』（2011年2月25日号）50～52頁を見よ。
71　岡本祐子「大学教員のProfessional Identityの達成と拡散」IDE大学協会東北支部『平成19年度IDE東北支部　IDE大学セミナー／第7回東北大学高等教育フォーラム 報告書』9頁を見よ。
72　たとえば、小谷野敦『東大駒場学派物語』（新書館、2009年）256、293頁を見よ。

2007年）を見よ。筆者自身、ゼミ生を対象に大学での授業対策や、スタディ・スキルとライティング・スキルを本にまとめ、ゼミでも使用しているが、かなり丁寧に教えないとわかってくれないと常日頃感じている。櫻田大造『「優」をあげたくなる答案・レポートの作成術』（講談社、2008年）参照。また、戸田山和久『論文の教室』（日本放送出版協会、2002年）をゼミで使用したところ、難しすぎると感じるゼミ生が必ず何割か出てくる。祖父母を含む保護者が入学式などに参加したり、クレームをつけたりする問題については、倉部『文学部がなくなる日』88〜96頁参照。

59　東工大と中大の例は、今野浩『工学部ヒラノ教授』（新潮社、2011年）178〜179頁による。

60　今野『工学部ヒラノ教授』177〜178頁。

61　川成『大学崩壊』196〜200頁による。

62　駿台のＨＰを見よ。http://www.sundai.ac.jp/yobi/sokuhou2011/kyodai/kagaku/img/KYD1_KAG_B01.pdf（2011年3月3日アクセス）

63　たとえば『朝日新聞（夕刊、大阪版）』（2011年3月4日）1、15頁と『産経新聞（大阪本社版）』（2011年3月7日）22頁によると、京大には、1日で144件もの抗議電話が殺到し、試験監督業務に関するクレームがそのうちの9割だったそうだ。

64　今野『工学部ヒラノ教授』175〜176頁と、森『大学の話をしましょうか』77、161〜163頁による。

65　Tom Pocklington and Allan Tupper, *No Place to Learn: Why Universities Aren't Working*（Vancouver: UBC Press, 2002）esp. chap. 6. 参照。

66　この点は拙著でも触れた。櫻田『「優」をあげたくなる答案・レポートの作成術』63〜68頁を見よ。またＰ教授宅の風景は、岩田『したたか教授のキャンパスノート』160〜161頁を見よ。

67　この点は、小林良彰『現代日本の政治過程——日本型民主主義の計量分析』（東京大学出版会、1997年）283頁。この本についてご指摘をしていただいた、山田真裕関西学院大教授に感謝したい。

55　北米の大学では Admissions Office（AO）の大学職員が一元的に大学入学判定を行い、専任教員は学部の入試業務には一切タッチしないのが原則となっている。たとえば、倉部史記『文学部がなくなる日──誰も書かなかった大学の「いま」』（主婦の友社、2011 年）125～129 頁と谷聖美『アメリカの大学──ガヴァナンスから教育現場まで』（ミネルヴァ書房、2006 年）とくに 96～97 頁。たとえばアメリカの大学では、英語母語話者の学生は、SAT というセンター入試のようなものの成績、推薦書、自己志望理由書、面接などによって総合的に評価される。面接は、有名大学が実施することが多いようだが、AO 課職員が現地に赴いたり、あるいはその大学の OB や OG が職員に代わったりして実施したりする。いずれにせよ、高校卒業レベルの入試問題を作成し、試験監督を行い、それを採点し、最後に判定会議をするというような膨大な雑務が教員に課されているわけではない。

56　水月『高学歴ワーキングプア』108～113 頁参照。

57　一般的な議論としては、首都圏大学非常勤講師組合編『大学教師はパートでいいのか──非常勤講師は訴える』（こうち書房、1997 年）を見よ。また、週に 21 コマもの外国語授業を掛け持ちして、家族を養い、生計を立てている例が挙げられる。竹添敦子『詩集　控室の日々』（海風社、1991 年）135 頁。90 分授業 21 コマを週に 6 日実施するとなると、1 日あたり 5 時間 15 分の授業担当となり、通常の小・中・高の教諭のノルマを超えるが、年収は最低限 630 万円となる。実験系だとより過酷なスケジュールになる。勝木渥「ある非常勤講師の場合」『日本物理学会誌』（2008 年 6 月号）461～464 頁。次のウェブサイト参照。http://ad9.org/pegasus/UniversityIssues/part-timer/part-timer.pdf（2011 年 10 月 10 日アクセス）。ヘルシンキ工科大で Ph.D. を取得した 50 歳の研究者が、07 年度に関東圏の 6 大学で 15 コマの非常勤講師を掛け持ちしつつ、研究している様子がわかる。なお、夏休み、春休み、年末年始は授業がないので、その期間は研究時間になりうる。

58　最近の学生については、たとえば、石渡嶺司『最高学府はバカだらけ──全入時代の大学「崖っぷち」事情』（光文社、

index.html（2011 年 10 月 10 日アクセス）、経済理論学会 HP、http://www.jspe.gr.jp/drupal/history（2011 年 10 月 10 日アクセス）

45　橘木俊詔『東京大学——エリート養成機関の盛衰』（岩波書店、2009 年）156〜176 頁を見よ。京大経済学部については、ひとつの観察として、高橋『先生とはなにか』を見よ。

46　『産経新聞』（2010 年 12 月 23 日）3 頁、『日経産業新聞』（2011 年 7 月 14 日）13 頁による。

47　水月『アカデミア・サバイバル』197〜199 頁による。

48　理系の実験系の場合、研究室という単位や独立の研究者（PI）になれるかどうか、さらには、どの程度研究費が取得できるかが決め手となるようだ。菊地『院生・ポスドクのための研究人生サバイバルガイド』第 4 章参照。文系の場合は、共同研究もあるが、概して、各教員・研究者の独立性はより高く、論文や著書を単独で発表するのが普通なので、テニュア付きのアカポスに就いたら、即 PI に値するといえよう。

49　たとえば、中井俊樹「第 1 章 大学教員という職業」夏目達也ほか編『大学教員準備講座』（玉川大学出版部、2010 年）17 頁。

50　たとえば、理系ではあるが、森『大学の話をしましょうか』77〜86 頁を見よ。

51　以下のデータは、一部を除いては、中井「大学教員という職業」21 頁と『2012 年版大学ランキング』とくに 276〜279 頁と「年収ラボ」のウェブサイト、http://nensyu-labo.com/syokugyou_daigaku_kyoujyu.htm など（2011 年 10 月 10 日アクセス）を参照せよ。

52　鷲田小彌太『大学教授になる方法』（PHP 研究所、1995 年）29〜30 頁を見よ。

53　似たような実例としては、たとえば川成洋『大学崩壊』（宝島社、2000 年）173〜178 頁参照。

54　FD とは Faculty Development の略で、アメリカなどに由来する大学教員の教育力向上のための実践・組織的取り組みを指す。北米の大学では、受講学生による授業評価を加味して、賃金が決まるのが通常のようだ。

2006年）55〜59頁を見よ。

37　以下の議論や情報は、山野井敦徳『大学教員の公募制に関する研究――日本の大学は人材をいかにリクルートするか』（広島大学大学教育研究センター、2000年）12〜15頁も参照した。

38　http://jrecin.jst.go.jp/seek/html/h21/anketo2009.pdf（アクセス2011年10月10日）とhttp://jrecin.jst.go.jp/seek/html/h22/anketo2010.pdf（アクセス2011年10月10日）による。なお、09年度では、回答者の85.4%がこの人材データベースを「役に立っている（立ちそう）」とし、その中で30.2%が「大変役に立っている（立ちそう）」と答えたが、10年度はその割合が、それぞれ85.8%、31.5%へと増加している。なお、公募での大学教員就任成功例としては、中野雅至『公務員だけの秘密のサバイバル術』（中央公論新社、2011年）172〜177頁と山本武信『大学教授になれる本の書き方』（早稲田出版、2003年）160〜161頁を見よ。

39　以上は、関本英太郎「第2章『大学教授』を目指す若者がいなくなる日」全国大学高専教職員組合編『大学破壊』50〜51頁による。

40　言い換えると、03年時点での（ロースクール）開講計画にもとづく専任教員数は、01年の法学部系列所属教員数の約38%にあたる。01年データは、藤村正司「第9章　流動化する大学教授市場」山野井編『日本の大学教授市場』223頁による。ただし、法学部の中には関西学院大のように、いわゆる語学教員や宗教担当教員を定員に含むような学部もあるので、正確な法学関係教員は4598名よりも少ないと思われる。

41　詳しくは、蒲島郁夫『運命――農奴から東大教授までの物語』（三笠書房、2004年）を見よ。

42　以下、3つの表を含めて、すべて、藤村「第9章　流動化する大学教授市場」217〜237頁による。

43　島田裕巳、小幡績『下り坂社会を生きる』（宝島社、2009年）とくに113〜115頁参照。

44　以上のデータは、岩田年浩『したたか教授のキャンパスノート』（学文社、1992年）157頁、日本経済学会HP、http://www.jeaweb.org/jp/news/scj.html、http://www.jeaweb.org/jpn/

26　川﨑剛『社会科学系のための「優秀論文」作成術――プロの学術論文から卒論まで』（勁草書房、2010年）144〜146頁。近代経済学については、齊藤誠「『日本経済学会七五年史』の編集に携わって」『書斎の窓』（2011年3月号）18〜22頁を見よ。

27　以上で細かい数値化は、松野『大学教授の資格』93〜94頁を参照した。ほかにも紀要論文などの評価は、船曳『大学のエスノグラフィティ』100〜101頁、川﨑『社会科学系のための「優秀論文」作成術』第7章、第8章が良い。

28　似たような例としては、中岡慎一郎『大学崩壊――現職教官が語るその実態と改革案』（早稲田出版、1999年）83〜84頁を見よ。またこの著者によると、大学教授になるには、紀要論文が10本程度が必要、あるいは10本でもその中に最低1本のレフェリー付き論文が必要な大学があるようだ。

29　堀江『助教授の大学講座・二十章』28〜32頁参照。

30　この点は、Paul Gray and David E. Drew, *What They Didn't Teach You in Graduate School: 199 Helpfull Hints for Success in Your Academic Career*（Sterling, VA: Stylus, 2008）pp. 7, 19.

31　水月『アカデミア・サバイバル』119〜134頁参照。

32　たとえば、関西国際大学では、教員による教育力を非常に重視していることが『朝日新聞（大阪本社版）』（2010年11月27日）17頁によるとわかる。

33　たとえば京大経済学部における日共系教員の優勢時代については、高橋哲雄『先生とはなにか――京都大学師弟物語』（ミネルヴァ書房、2010年）とくに35、72、206頁を見よ。また、梅津和郎『潰れる大学・伸びる大学・経営診断』（エール出版社、1999年）74〜76頁も参照。

34　プロフェッサーXのブログ「日本人のガイジン教授が語る大学事情@北米（2011年1月27日エントリ）」http://professorx.blog47.fc2.com/blog-date-201101.html（2011年10月10日アクセス）

35　木村誠『消える大学　生き残る大学』（朝日新聞出版、2011年）24頁による。

36　鷲田小彌太『社会人から大学教授になる方法』（PHP研究所、

を見よ。

16　05年段階であるが、名古屋大工学部でも、人事権（投票権）は教授のみが持っているようだ。森博嗣『大学の話をしましょうか——最高学府のデバイスとポテンシャル』（中央公論新社、2005年）78頁参照。

17　以下の引用は、佐々木潤之介「第2部Ⅳ-補論　人文系オーバードクター第一号のひとりとして」日本科学者会議編、『オーバードクター問題』、155頁、柳沼総一郎「目指したいあなたのための大学教師・入門講座」『別冊宝島90　大学の事情』（JICC出版局、1989年）176頁を見よ。また、松下祥子『科学者たちの奇妙な日常』（日本経済新聞出版社、2008年）とくに96〜98頁も見よ。

18　船曳建夫『大学のエスノグラフィティ』（有斐閣、2005年）99〜100頁。

19　たとえば、カナダの大学なら、*Maclean's*（Nov.22, 2010）esp. p.156. を見よ。

20　朝日新聞出版から毎年出されている大学ランキングでも、教員の博士号取得が評価されている。たとえば、『2012年版大学ランキング』（朝日新聞出版、2011年）150〜153頁。

21　以下の情報は、松野弘『大学教授の資格』（NTT出版、2010年）264〜265、269頁による。

22　たとえば、鈴木勝『55歳から大学教授になる法』（明日香出版社、2003年）57頁を見よ。

23　たとえば、山本直治『公務員、辞めたらどうする？』（PHP研究所、2007年）104〜109頁を見よ。

24　白石拓『サラリーマンから大学教授になる！方法』（宝島社、2003年）8〜31頁と「吉田康英研究室HP」http://openweb.chukyo-u.ac.jp/˜yyoshida/yoshida.html（2011年10月10日アクセス）などを参照。

25　Robert O. Keohane, "A Personal Intellectual History," in Joseph Kruzel and James N. Rosenau, eds., *Journeys through World Politics: Autobiographical Reflections of Thirty-Four Academic Travelers*（Lexington: Lexington Books, 1989）pp. 404-407. による。

Allahar, *Lowering of Higher Education: The Rise of Corporate Universitites and the Fall of Liberal Education*（Toronto: University of Toronto Press, 2011）esp.pp.98-102, 211. による。

10　水月昭道、『高学歴ワーキングプア――「フリーター生産工場」としての大学院』（光文社、2007 年）とくに 33～35 頁を見よ。

11　65 年と 90 年の教員数は、有本章「序章 日本の大学教授職――過去と現在」有本章編『変貌する日本の大学教授職』（玉川大学出版部、2008 年）16～17 頁からとった。以下の山田昌弘氏による議論などはすべて、山田昌弘『希望格差社会――「負け組」の絶望感が日本を引き裂く』（筑摩書房、2007 年）103～107、192～197 頁を見よ。

12　たとえば、独立行政法人化する前の国立大の例としては、大阪大学法学部の事情を説明した、森信茂樹『大学教授物語――ニューアカデミズムの創造を』（時評社、2000 年）60～64 頁を見よ。当時の阪大法学部では、実質 4 回程度の審査が行われていることがわかる。また、別府昭郎『大学教授の職業倫理』（東信堂、2005 年）32～45 頁も参照。

13　「一本釣り」の実態については、たとえば、堀江珠喜『助教授の大学講座・二十章』（北宋社、1993 年）64～65 頁と林道義『日本的な、余りに日本的な――東京女子大学哲学科紛争の記録と分析』（三一書房、1992 年）50～52 頁を見よ。失敗例としては、いわゆる東大教養学部の中沢事件が有名である。西部邁『学者 この喜劇的なるもの』（草思社、1989 年）。

14　カナダのプロフェッサーXによるブログ「日本人のガイジン教授が語る大学事情@北米」（09 年 7 月 15 日エントリ）http://professorx.blog47.fc2.com/blog-date-200907-7.html（2011 年 10 月 10 日アクセス）を見よ。

15　以上の情報は、堀江伸「第 2 部Ⅳ-3 教育学」日本科学者会議編『オーバードクター問題』（青木書店、1983 年）151 頁、山野井敦徳「第 3 部§3　大学教員のキャリア形成」有本章ほか編『高等教育概論――大学の基礎を学ぶ』（ミネルヴァ書房、2005 年）236～238 頁、山野井敦徳「教員の人事政策」『AERA Mook 大学改革がわかる。』（朝日新聞社、2003 年）54～55 頁頁による。

5　「学歴ロンダ（ロンダリング）」と揶揄《やゆ》されたり、呼ばれることもある。たとえば、神前悠太ほか『学歴ロンダリング』（光文社、2008年）は、学部はそれぞれ筑波大、千葉大、東京理科大だった著者たちが、東大の修士課程に入学した経緯をつづっている。また、東大、早稲田、慶應大、京大などの大学院で面接のみ（筆記試験ナシ）で入れる修士課程も話題になっている。『週刊ダイヤモンド』（2010年9月18日号）64〜68頁および赤田達也『「学歴ロンダリング」実践マニュアル――最短で憧れの学歴を手に入れる方法』（オクムラ書店、2009年）を見よ。80年代の文系の有力大学院修士課程では、通常2種類の外国語試験、専門記述試験に加えて、口頭試問があった。

6　以下のデータは、『朝日新聞（大阪本社版）』（2010年11月27日）17頁、榎木『博士漂流時代』44〜47頁、文科省の「学校基本調査平成23年度速報結果の概要（調査結果の概要〔高等教育機関〕）」http://www.mext.go.jp/component/b_menu/other/__icsFiles/afieldfile/2011/08/11/1309705_3_1.pdf と http://www.e-stat.go.jp/SG1/estat/List.do?bid=000001033895&cycode=0 など（2011年10月10日アクセス）による。

7　加藤毅「第12章 融化する若手大学教授市場」山野井敦徳編『日本の大学教授市場』（玉川大学出版部、2007年）290〜291、303〜304頁、水月昭道『アカデミア・サバイバル――「高学歴ワーキングプア」から抜け出す』（中央公論新社、2009年）22頁による。

8　05年度に約1兆8000億円だった国立大学主要予算額が、10年度には、約1兆7400億円まで、600億円ほど減った。ただし、11年度は1兆7923億円まで回復する予定である。『朝日新聞（大阪本社版）』（2010年11月17日）29頁を見よ。地方国立大を中心に、教員が定年退職やら転出によって辞めても、後任人事をしない例が増えているようだ。長山泰秀、青木宏治「『駅弁大学はもういらない』!?」全国大学高専教職員組合編『大学破壊――国立大学に未来はあるか』（旬報社、2009年）23〜29頁も見よ。

9　以上の北米大学の事情は、James E. Côté and Anton L.

注　釈

1　たとえば、『週刊ダイヤモンド』(2010年9月18日号)は私立大学の財務状況などの「ワーストランキング」を発表している。とくに69〜77、82〜87頁。10年に1割の私学倒産については、諸星裕『大学破綻――合併、身売り、倒産の内幕』(角川書店、2010年)を見よ。

2　この数字は、潮木守一『職業としての大学教授』(中央公論新社、2009年)2〜3、202〜206頁による。ただし、大学院博士課程修了者は、毎年約1万6000人という数字もあり、その全員が大学にポストを得られないこと、これまでのオーバードクターやポスドク数の蓄積から、潮木氏は、大学院博士課程の入学者停止を一案として提示している。

3　人文系・社会科学系のいわゆる文系大学業界が本書の対象となっているので、実験系を中心とする理系との違いを認識される読者諸氏もおられると思うが、大学人としての共通点も多々あるだろう。本書に似た視点で、理系科学者(博士号取得者)のサバイバル術や現況への処方箋をまとめた好著として、榎木英介『博士漂流時代――「余った博士」はどうなるか?』(ディスカヴァー・トゥエンティワン、2010年)と菊地俊郎『院生・ポスドクのための研究人生サバイバルガイド――「博士余り」時代を生き抜く処方箋』(講談社、2010年)を参照せよ。

4　92年の18歳人口は205万人でピークだった。大学・短大には79万6000人が入学し、入学率も64.5%であり、私立大学を中心に大学業界は売り手市場だった。大学春の時代は、この86〜92年くらいの7年間とされる。中村忠一『「冬の時代」の大学経営』(東洋経済新報社、1997年)29〜32頁を見よ。なお、大学学齢期人口(18〜22歳)は94年に816万人でピークになったが、今や500万人まで減っているとの指摘もある。海老原嗣生「早慶はかつての早慶にあらず　めざせ!　就職の府　いま『新就職氷河期』に大学がなすべきこと」『洋泉社MOOK　危ない大学――最高学府の耐えられない軽さ』(2011年)129

ラクレとは…la clef=フランス語で「鍵」の意味です。
情報が氾濫するいま、時代を読み解き指針を示す
「知識の鍵」を提供します。

中公新書ラクレ
401

大学教員《だいがくきょういん》　採用《さいよう》・人事《じんじ》のカラクリ

2011年11月10日初版
2020年 3 月30日 4 版

著者……櫻田《さくらだ》大造《だいぞう》

発行者……松田陽三
発行所……中央公論新社
〒100-8152 東京都千代田区大手町 1-7-1
電話……販売 03-5299-1730　編集 03-5299-1870
URL http://www.chuko.co.jp/

本文印刷……三晃印刷
カバー印刷……大熊整美堂
製本……小泉製本

Published by CHUOKORON-SHINSHA, INC.
Printed in Japan　ISBN978-4-12-150401-2　C1237

中公新書ラクレ　好評既刊

L493
駆け出しマネジャーの成長論
——7つの挑戦課題を「科学」する

中原　淳 著

「突然化」「二重化」「多様化」「煩雑化」「若年化」とよばれる5つの職場環境の変化で、いま3割の新任マネジャーはプレイヤーからの移行に「つまづく」。成果を出すためには、何を克服すべきか？　人材育成研究の知見と、マネジャーたちへの聞き取り調査をもとに「マネジャーになることの旅」をいかに乗り越えるか考える。2014年度「HRアワード」にノミネートされた作品。

L587
オックスフォードからの警鐘
——グローバル化時代の大学論

苅谷剛彦 著

ワールドクラスの大学は「ヒト・モノ・カネ」をグローバルに調達する競争と評価を繰り広げている。水をあけられた日本は、国をあげて世界大学ランキングの上位をめざし始めた。だが、イギリスの内部事情を知る著者によれば、ランキングの目的は英米が外貨を獲得するためであり、日本はまんまとその「罠」にはまっているのだという——日本の大学改革は正しいのか？　真にめざすべき道は何か？　彼我の違いを探り、我らの強みを分析する。

L637
新装版　役人道入門
——組織人のためのメソッド

久保田勇夫 著

中央官庁で不祥事が相次ぎ、「官」への信用が失墜している。あるべき役人の姿、成熟した政と官のあり方、役人とは何か？　「官僚組織のリーダーが判断を誤ればその影響は広く国民に及ぶ」。34年間奉職した財務官僚による渾身の書を緊急復刊！　著者の経験がふんだんに盛り込まれた具体的なノウハウは、指導者の地位にある人やリーダーとなるべく努力をしている若手など、組織に身を置くあらゆる人に有効な方策となる。